1일 1짠
돈 습관

밥 먹듯 저축하는
'작은 부자'들의 재테크 생활

1일 1짠
돈 습관

다음 짠돌이 카페 슈퍼짠 12인 지음

한국경제신문

'2001년' 다음 카페 짠돌이의 탄생

2001년 12월 5일, 평범한 회사원 이대표 씨는 포털사이트 다음에 카페를 개설합니다. 자신의 하루를 기록하기 위해 일기장과 가계부를 손쉽게 작성할 수 있도록 만든 것인데요. 카페 이름을 짠돌이라 짓고 자신의 아이디는 '대왕소금'으로 정했습니다. 그로부터 18년이 지난 지금, 회원 수 74만 명에 하루 방문자가 1만 명이 넘는 다음 최고의 카페가 되어 있답니다.

'2002년' 마침의 행복을 음합시다.

2002년 처음 방송에 소개된 이후 짠돌이 카페는 국내 언론은 물론 미국과 일본 언론에도 등장할 만큼 화제를 불러일으킵니다. 짠돌이로 인해 생긴 TV 프로그램도 있었는데요. 1만 원으로 일주일간 생활하는 〈만 원의 행복〉이라는 프로그램이 대표적입니다.

대한민국 ... 짠돌이 카...

'2003년' 《한국의 e짠돌이》출간!

한국의 e짠돌이

2003년 짠돌이가 첫 책을 펴냅니다. 바로 짠돌이 회원들의 사연을 압축한 《한국의 e짠돌이》인데요. 카페에서 공유된 절약 노하우와 젊은이들에게 필요한 경제관념을 재미있게 풀어내어 단숨에 베스트셀러에 오릅니다. 2004년 1월에는 이달의 양서에 선정되었고요. 이 책을 시작으로 짠돌이는 꾸준히 책을 출간해 더 많은 이들에게 정보를 제공하고 카페 이름도 널리 알립니다.

슈퍼 짠 선발 대회

'20...

들의 산실

생20주년

'2018년'
다음 프리미엄 우수카페 선정

2018년 짠돌이가 프리미엄 우수카페로 선정되었습니다. 참고로 2006년부터 2014년까지 8년 동안 우수카페였습니다. 이제 세계 최고의 절약 카페로 나아갈 일만 남았습니다.
80만 회원을 달성하는 그날까지, 다함께 즐짠 생활 GOGO~‼

'2014년'
대왕소금, 세계 한인유공상 수상

2014년 카페지기 대왕소금이 세계한인재단으로부터 상을 받았습니다. 도전정신으로 대한민국의 발전에 보탬이 되고 희망찬 사회를 만드는 데 기여한 공을 인정받은 것인데요. 이게 다 짠돌이 회원 여러분 덕이겠지요?

슈퍼짠 선발대회 개최~

짠돌이를 찾아라! 대한민국 최고의 짠돌이
라면 누구일까?
6년 슈퍼짠 선발대회가 처음으로 열렸습니
대한민국에서 둘째가라면 서러울 절약의 고
재테크의 달인들이 자신만의 비법을 공개하
회원들은 투표로 슈퍼짠을 선발했습니다.
짠돌이 카페는 슈퍼짠을 뽑아 수상하고 이
사연을 책으로 묶어 출간하고 있답니다.

'2010년'
대한민국 최대 재테크 커뮤니티가 되다!

70만

70만 회원
돌파~‼

3월 7일 오후 9시 12분에 행운의 70만 번째 회원이 가입! 지난 10년간의 역사를 가진 짠돌이카페가 드디어 70만 회원을 돌파했습니다. 이로서 대한민국 최대의 재테크 커뮤니티가 되었답니다. 카페는 70만 원의 상품권을 드리는 이벤트를 통해 카페 회원들과 한 단계 더 성장하는 계기를 마련했습니다.

작가 소개

이 구역 최고 짠돌이 • 짠순이 '슈퍼짠' 12인을 소개합니다!

절약의 달인들이 모인 대한민국 최고의 재테크 카페 '짠돌이'.
그중에서도 최고수 12인이 '짠 중의 짠, 슈퍼짠'으로 뽑혔다. 아끼고 모으고 투자해 작은 부자가 된 이들의 이야기에서 우리가 발견할 수 있는 것은 '희망과 도전'이다. 그들은 장애가 있어도, 배우자가 아파도, 사기를 당해도 포기하지 않고 소중한 자산을 이룬 평범하지만 비범한 이웃들이다. 고생 끝에 반드시 낙이 온다는 절약의 가장 큰 미덕은 실제로 이루어졌다. 여기 모인 12인의 슈퍼짠처럼.

제이래빗 / 슈퍼짠 14년차

월급은 거들 뿐, 부수입만으로 자기계발과
문화생활까지 다 하는 넘사벽 절약가

나는 엄마야(우진서윤엄마 안주현) / 슈퍼짠 16년차

4인 가족, 외벌이 주말부부로 신혼 종잣돈을
열 배로 불린 결혼 14년차 프로주부

작은부자연(오지연) / 슈퍼짠 10년차

가족과 서로 믿고 의지하며 3년 만에
1억을 갚은 성실의 롤모델

황금호랑이♡(최주영) / 슈퍼짠 30년차

어릴 때부터 영민한 돈 센스로
일찍이 경제적 독립을 일군 자수성가형 고수

모태짠돌이(김지수) / 슈퍼짠 13년차
미니멀리즘으로 절약과 함께 나눔을 실천하는
착한 절약 전도사

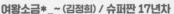

여왕소금*_~ (김정희) / 슈퍼짠 17년차
다섯 아이와 남편의 든든한 기둥으로
타고난 비즈니스 감각을 가진 창업의 여왕

초보육아맘(황혜란) / 슈퍼짠 13년차
무일푼에서 12억 순자산을 만든
초고속 돈 모으기 전략가

다은햇살맘(박명미) / 슈퍼짠 8년차
5인 가족이어도 40만 원이면
한달살이 충분한 살림의 여왕

福 부인♥(김유라) / 슈퍼짠 11년차
베스트셀러 《나는 마트 대신 부동산에 간다》 저자,
재테크로 선한 부자의 꿈을 이룬 주인공

아트임(임예슬) / 슈퍼짠 5년차
누릴 거 누리면서 절약도 동시에,
두 마리 토끼를 잡은 '짠라밸 성공' 직장인

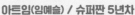

삐약이(윤지윤) / 슈퍼짠 3년차
일러스트 작가를 꿈꾸며 돈 안 드는 육아의 전문가로
성장 중인 당찬 엄마

완소남김머찐님(김응득) / 슈퍼짠 9년차
스물일곱 살 새내기 아빠 시절부터 짠돌이 카페의 덕을
톡톡히 본 알짜 살림꾼

30대 싱글, 남편보다 든든한 3억 5,000만 원

제이래빗
슈퍼짠 14년차

월급은 거들 뿐, 부수입만으로 자기계발, 문화생활까지 다 하는 넘사벽 절약가

"월급은 100퍼센트 저축,
생활비는 부수입으로
충분합니다"

연봉보다 많이 저축하는 비결

고정지출을 최대한 줄이세요

저는 직장생활을 시작하면서 월급의 70~90퍼센트를 저축해왔습니다. 지금은 월급을 아예 쓰지 않아요. 모조리 저축합니다. 4년째 이렇게 생활하고 있는데, 이제는 그냥 습관입니다. 변수가 생겨 만약 그달 월급을 전부 저축하지 못하면 '이번 달은 낭비했다'라는 생각이 들고요.

재작년에는 3,500만 원을 저축했고, 작년에는 동남아시아 여행을 두 번이나 다녀왔는데도 3,790만 원을 저축했네요. 물론 부모님과 함께 살기에 가능하다고 생각합니다. 결혼했거나 아이가 있다면 불가능했겠죠. 부모님 덕분에 월급을 100퍼센트 저축할 수 있으니 늘 감사한 마음입니다.

그런데 어떻게 월급을 전부 저축하며 사냐고요? 지출을 줄이고 수입을 늘리면 됩니다. 그렇게 해서 지금까지 3억 5,000만 원을 모았습니다. 제 자산이 누군가에게는 '대박'이고 누군가에게는 '겨우'일 수 있겠지만, 할 것 다 하고 남들만큼 즐기면서도 1년에 3,500만 원 이상 저축하고 있으니 저에게는 '만족'입니다.

돈 모으기 제일 쉬운 방법은 돈을 쓰지 않는 것입니다. 수입 10만 원 늘리는 것보다 지출 10만 원 줄이는 게 훨씬 쉽고 빠르죠. 우선 고정지출은 꼭 필요한 것만 남기고 최대한 줄이세요. 변동지출은 부지런히 정보를 모아 합리적으로 선택해서 줄일 수 있습니다. 저는 고정지출과 변동지출(달마다 차이가 있어요) 포함해 한 달에 40만 원 정도를 쓰는데요. 지출 항목은 다음과 같습니다.

1. 대중교통비(6~7만 원)

자동차가 없어서 신용카드를 만들 때 교통비가 한 달에 1만 원까지 할인되는 것으로 만들었어요. 이 카드를 사용하다가 1만 원 할인을 다 채우면 5퍼센트 캐시백이 되는 다른 카드로 바꿔 사용합니다. 어떤 곳에 잠깐 들를 때는 반드시 30분 안에 일을 마쳐서 환승을 하고요. 이렇게 한 달에 1만 5,000원 이상 교통비를 절약할 수 있어요.

2. 휴대전화(알뜰폰 2,750원)

저는 전화를 그야말로 전화하는 데만 씁니다. 검색도 정말 필요할 때만 하고요. 돈을 떠나서 저한테 좋은 습관인 것 같습니다. 이런 제 습관에 맞는 알뜰폰 요금제를 찾은 덕분에 전화요금은 신경 쓸 게 없네요.

3. 보험료(8만 4,000원)

보험은 평생 안고 가야 하니 신중히 가입해야 합니다. 혹 불필요한 보험과 보장이 있다면 과감히 없애는 것을 추천합니다. 보험료는 신용카드로 자동이체를 해 카드 실적을 올리는 데 이용하고 있습니다. 그리고 의료비는 실비보험으로 대부분 환급됩니다.

4. 부모님 용돈(10~15만 원), 생활용품비

부모님께 한 달에 10~15만 원을 드리고 있고, 가끔 상품권이 생기면 대부분 드립니다. 생활용품이 떨어지면 제가 온라인 쇼핑으로 거의 구입하고요.

5. 미용·의류비

화장품이나 옷, 신발 등이 필요할 때 저는 할인 기간에만 구입합니다. 사실 쇼핑은 꼭 필요해서라기보다 가지고 싶어서 할 때가 많잖아요. 할인 기간까지 기다렸다 사도 충분하더라고요. 미용실에서 머리를 하는 비용이 만만치 않아 저는 블로그 체험단 신청을 해서 무료로 서비스를 받고 있습니다.

6. 문화생활비

영화도 신용카드 할인을 받아서 보거나 이벤트에 당첨된 예매권으로 봅니다. 영화관은 한 군데만 이용하고요. 그래야 포인트를 많이 모을 수 있고 VIP 회원을 노려볼 수도 있거든요. 영화관 VIP 회원이 되면 무료 쿠폰도 받을 수 있어요. 친구들을 만날 때도 할인받을 수 있는 극장이나 커피숍이 있는 곳 위주로 약속 장소를 정해요. 친구와의 만남에서도 최대한 돈을 아끼지만 그렇다고 같이 밥 먹고 계산할 때 뒤로 슬쩍 빠지는 행동은 절대 하지 않습니다. 같이 내거나 친구가 밥 사주면 저는 커피라도 사거나, 기억했다가 다음에 만날 때는 제가 삽니다. 내 돈 귀하면 남의 돈도 똑같이 귀하니까요.

7. 자기계발비

한 달에 13만 원 하는 원어민 영어 수업을 들은 적이 있는데요, 고용보험에서 일부 환급받고 4개월 등록하면 2개월 무료 이벤트가 있어서 계산해보니 한 달에 5만 원 꼴이더라고요. 4년 동안 잘 듣다가 지금은 EBS를 보며 혼자 공부하고 있습니다. 책은 도서관에서 빌려 읽고, 무료로 진행되는 북 콘서트나 저자 강연회에도 가서 지식과 교양을 쌓으려고 노력하고 있습니다.

생활비로 쓸 부수입 거리를 만드세요

저는 최고의 재테크 수단은 직장생활이라고 생각합니다. 때가 되면 통장으로 따박따박 들어오는 월급에, 복지 정책도 무시할 수 없죠. 난 일만 하는데 회사에서는 건강검진을 해주고, 보험도 들어주고, 밥값도 주고, 공부도 시켜주고, 경조사도 챙겨주고, 명절 선물도 주죠. 정말 좋지 않나요?

우리 회사는 매년 우수사원을 뽑는데 상금이 30만 원입니다. 1,000만 원을 1년 동안 예금해도 요즘 이율로는 30만 원이 안 되잖아요. 이율 0.1퍼센트 높은 은행 찾는 것보다 우수사원으로 뽑히는 게 낫죠. 그래서 저는 오늘도 열심히 일합니다.

업무에 지장을 주지 않기 위해 앱테크나 설문조사 응답 같은 것은 하지 않는데요. 스마트폰을 잘 사용하지 않는 제 성격상 맞지 않기도 하고, 최고의 재테크 수단은 직장생활인데 자칫하면 주객이 전도될 수 있기 때문이에요.

1. 간헐적 투잡, 편집 아르바이트

대신 회사에 나가지 않는 주말이면 틈틈이 아르바이트를 합니다.

포토샵 편집 아르바이트로 약 20만 원을 벌고 있어요. 대학에 다닐 때 나중에 요긴할 것 같아서 그래픽 관련 툴을 배워뒀는데 돌아보니 정말 탁월한 선택이었던 것 같아요. 포토샵으로 지인들 돌잔치 초대장을 만들어주거나 사진 보정을 해주다가 우연히 구한 아르바이트인데 몇 년째 즐겁게 하고 있습니다.

2. 의외의 부수입, 원고료

포토샵 아르바이트 외의 부수입은 원고료입니다. 절약하는 생활을 십수 년째 하다 보니 저만의 노하우가 생기더군요. 이런 노하우를 글로 써서 재테크 관련 온라인 커뮤니티의 수기 공모에 종종 응모하는데요. 의외로 반응이 좋아 포털사이트 메인에 제 글이 여러 번 노출되었답니다. 원고료는 상품권으로 지급되고 액수도 크지 않지만, 저만의 작고 확실한 행복이에요.

3. 월세 받는 것 같은 은행 이자

이렇게 아르바이트를 해서 버는 돈과 소소하게 들어오는 원고료, 그리고 이자 수입 일부로 생활비를 충당하는데요. 저는 주택청약통장부터 적금통장, 예금통장, CMA통장 등 스물다섯 개의 통장이 있어요. 이 가운데 만기 이자와 월 이자가 똑같은 것이 있더라고요. 만기 이자와 월 이자가 같으면 만기까지 기다릴 필요가 없죠. 이자를 적금에 넣으면 거기에 또 이자가 붙으니까요. 이렇게 매달 나오는 이자 18만 원을 적금통장에 넣고 있는데 마치 월세를 받는 기분이랍니다.

다른 예·적금은 만기 때 이자를 받는 통장인데, 만기에 받는 이자는 액수가 커서 이 돈으로 해외여행을 가거나, 생활비로 사용합니다. 제가 월급을 100퍼센트 또는 그 이상 저축할 수 있게 해주는 고마운 수입원이죠.

아끼면서도 하고 싶은 거 다 해요

불필요한 지출을 잡으려면 가계부는 필수

돈은 '얼마를 쓰느냐'보다 '무엇에 쓰느냐'가 중요하다고 생각합니다. 저는 100원을 써도 허튼 데 쓰면 아깝고 100만 원을 써도 필요한 곳에 쓰면 아깝지 않더라고요.

남녀의 소비 차이에 대한 명언 하나가 생각나네요.

"남자는 필요한 1달러짜리 물건을 2달러에 사고, 여자는 필요 없는 2달러짜리 물건을 1달러에 산다."

남자와 여자의 차이라기보다는 현명하지 못한 소비의 두 가지

유형인 것 같아요. 아마 가장 현명한 소비는 꼭 필요한 2달러짜리 물건을 1달러에 사는 것이겠지요.

저는 제값을 주고 물건을 사본 적이 거의 없어요. 최대한 할인을 받거나 약간의 수고로움을 들여 무료로 지급받죠. 불필요하게 새는 돈도 없고요. 월말에 가계부를 정산해보면 '이 돈 괜히 썼다' 싶은 것이 없습니다.

저는 제가 만든 엑셀 가계부를 쓴답니다. 수기 가계부는 작성하기가 귀찮고, 가계부 앱은 스마트폰을 좋아하지 않아 안 쓰고, 온라인 가계부는 뭔가 복잡하더라고요. 사실 지출이 많지 않아 특별히 기록할 게 별로 없어요.

돈을 모으려면 가장 먼저 해야 할 일이 현재 나의 재무 상태를 제대로 파악하는 것입니다. 나의 수입과 지출이 얼마인지 명확히 알고 그중 불필요한 지출을 줄이는 일이 선행되어야 해요. 그래서 가계부가 필수인 거죠. 하지만 기록만 하는 가계부라면 의미 없습니다. 가계부를 쓰는 이유는 새는 돈 막기와 목표 설정, 결국은 올바른 돈 관리입니다. 매달 가계부를 분석하다 보면 불필요한 지출을 알게 되고 그동안 무시했던 푼돈들이 한 달 동안 모이니 결코 푼돈이 아니라는 걸 알게 된답니다.

'지난달에 한 것도 없는데 왜 이렇게 돈을 많이 썼지?'

'한 달에 커피 값이 이렇게 많이 들어? 커피 좀 줄여야겠네.'

가계부를 처음 쓰기 시작했을 때 저는 지출을 다음과 같이 네 가지로 분류했습니다.

1. 안 쓰면 안 되는 돈: 교통비, 보험료, 통신요금 등

2. 내가 원해서 쓴 돈: 쇼핑, 군것질, 외식 등

3. 사회생활 유지비: 경조사비, 교제비 등

4. 낭비: 은행 수수료, 연체료, 쓰고 나서 후회한 돈

월말 결산 시 '낭비' 항목을 빨간색으로 칠하고, 앞으로 가계 부에서 빨간색은 없애는 것을 목표로 잡았습니다. '쓰고 나서 후회한 돈'도 모두 낭비로 분류했습니다. 예를 들면 새로 샀지만 잘 안 입게 되는 옷이나, 모임이 끝나고 뒤풀이에 갔는데 딱히 재미도 없었고 다들 연락이 끊겼다면 뒤풀이에 쓴 돈은 낭비입니다.

이렇게 분류를 하다 보니 소비할 때 더 신중해지고 돈 쓰고 나서 후회하는 일도 줄었습니다. 돈 아끼느라 하고 싶은 것을 참는 일도 거의 없어요. 그래서 절약 권태기도 없답니다. 오히려 일부 사람들은 제가 돈 되게 잘 쓰는 줄 알더라고요. 미용실, 쇼핑, 공연 등등 아끼면서도 하고 싶은 거 다 하며 살 수 있는데 말이죠.

할인 이벤트와 무료 강습 기회를 챙기세요

사실 비결은 정보 찾기에 있습니다. 가령 카드사 홈페이지에 들어가 보면 각종 할인 이벤트 정보를 얻을 수 있어요. 온라인 서점이나 자신이 가입돼 있는 사이트를 잘 보면 다 나와 있어요. 여기저기 응모하다 보면 하나씩은 당첨되더라고요.

온라인뿐만 아니라 종이 잡지에도 많은 정보가 있답니다. 회사에 비치된 잡지를 보다가 이벤트에 응모해서 영화 예매권을 여러 번 받았는데, 응모하는 사람이 적은지 확률은 50퍼센트였던 것 같아요. 덕분에 영화는 실컷 봤네요.

영화 외에 각종 공연, 전시, 강습도 무료 이벤트가 많아요. 원데이 클래스로 플라워 레슨을 받은 적이 있는데 정말 좋았어요. 엄마와 함께해서 더욱 좋은 추억으로 남아 있습니다.

이벤트에 당첨되어 물건을 받기도 하는데, 필요하지 않은 물건은 중고 거래 사이트에 판매하거나 지인에게 선물을 합니다. 물론 필요한 것은 요긴하게 쓰고요. 각종 할인, 무료 이벤트 정보들을 살뜰히 찾아보고 부지런히 실행하는 게 저의 장점인데요. 의외로 모르는 사람이 많고, 알려줘도 귀찮아서 안 하는 사람들이 많더군요.

카드사 홈페이지나 잡지를 잘 찾아보면 할인이나 무료 공연·
전시, 자기계발 수업이 의외로 많다.

할인은 연쇄로, 구매는 할인 기간에만

'연쇄할인마'의 쇼핑법

제 별명은 '연쇄할인마'랍니다. 할인을 받아도 연쇄적으로, 중복해
서 받거든요. 화장품도 제값을 주고 사본 적이 없습니다. 작년에
는 해외여행을 가면서 면세점에서 75달러 상당의 화장품이며 여
러 가지를 구매했는데 추천인 이벤트와 적립금 이벤트, 특정일(생
일 등) 추가 할인 등 각종 할인을 적용했더니 실제 지불액은 단돈
1,000원이었답니다.

옷도 세일 기간을 잘 활용하는데요, 언젠가 봄 코트가 필요해
서 백화점에 갔더니 마음에 쏙 드는 아이가 38만 원이나 하더라

고요. 너무 비싸서 할인하면 사야겠다 마음먹고 잊어버리고 있었죠. 그러다가 가을에 또 한 번 갔는데 봄에 본 그 코트를 7만 9,000원에 팔고 있는 거예요. 1년이 지난 것도 아니고 고작 두 계절이 지났을 뿐인데 말이죠.

안 팔리면 30퍼센트 세일하고, 그래도 안 팔리면 반값 세일하고, 거기서 또 재고가 생기면 70퍼센트 세일하고, 마지막으로 창고 세일하면 되니 처음부터 가격을 높게 책정하는 게 아닌가 하는 생각이 들더군요. 이런 식으로 쇼핑하다 보니 브랜드 청바지도 1만 원 주고 산 적도 여러 번 있습니다.

절약은 명사가 아니라 '동사'입니다

제가 인생에서 가장 잘한 일 중 하나를 꼽자면 20대 때 경제관을 잘 세워둔 것입니다. 올바른 경제관과 몸에 밴 절약 습관들이 나중에 얼마나 큰 차이를 만드는지는 경험해보신 분들은 아실 겁니다.

절약도 재테크도 모두 '동사'입니다. 아무리 많이 알아도 실천하지 않으면 의미가 없어요. 다음은 그동안 제가 느낀 것을 정리한 내용입니다. 누구나 알고는 있지만 직접 해보면 더 와닿을 거예요.

1. 새는 돈 잡으려면 정리정돈 먼저

지출을 줄이고 싶으면 집 안 정리를 먼저 해보세요. 정리하면서 필요한 물건은 잘 보관하고, 쓰지 않는 물건은 과감히 버리세요. 이렇게 집 안 정리를 하면 깨닫게 되는 것들이 있어요.

- 내가 무슨 물건을 가지고 있는지, 어디에 있는지 알게 되어 불필요한 소비를 막습니다.
- 똑같은 물건이 두 개, 세 개씩 나올 때도 있습니다. 집에 있는 줄은 알지만 어디에 있는지 찾을 수 없어서 또 샀거나, 가지고 있는 줄 몰라서 또 샀던 거죠.
- 쓰지도 않는 물건이 이렇게나 많았다는 것을 알게 돼요. 내가 물건의 주인이 아니라 물건을 보관하는 사람 같아요.
- 옷은 많은데 입을 옷이 하나도 없고, 버리려니 버릴 옷도 하나도 없지는 않으신가요?
- '이게 뭐지? 내가 이런 걸 왜 가지고 있지?' 하는 물건도 있을 겁니다.

이렇게 집 안 정리를 하고 나면 소비에 신중해집니다.

2. 신용카드, 소액 결제, 홈쇼핑 모두 차단!

지출 통제가 힘들면 무조건 현금을 써야 합니다. 손가락 몇 번만 움직이면 결제가 되는 방식은 지출에 무감각해지게 만들어요. 현금은 사용이 불편해서 자연스레 돈을 잘 안 쓰게 되죠. 인터넷으로 구매를 할 때는 결제 수단을 '계좌이체'로 해보세요. 그러면 좀 더 고민할 시간을 벌 수 있고 송금하기 귀찮아서 미루다가 안 사게 돼요.

지갑 대신 통장을 들고 다니는 분도 있답니다. 돈 쓰기가 불편해서 정말 필요한 것만 사게 되고, 알아서 지출이 줄어든다고 하네요.

소셜커머스나 홈쇼핑에서 오는 광고 메일이나 문자도 모두 차단하세요. 광고를 많이 한다는 자체가 곧 필요 없다는 소리예요. 우리에게 꼭 필요한 것들은 광고를 하지 않는답니다. 굳이 여기저기 광고하지 않아도 살 수밖에 없으니까요.

3. 안 사면 100퍼센트 할인입니다

'20퍼센트 할인 쿠폰이 있으니 커피 마셔야지' 할 때 있죠. 쿠폰 안 쓰면 아까운 생각도 들고요. 그런데 생각해보세요. 4,000원짜리 커피를 20퍼센트 할인받아 3,200원에 마신다면 800원을 절약하는 것이지만, 쿠폰이 없어 아예 커피를 안 마신다면 4,000원을 모두 절약하는 거예요. 어떤 쪽이 더 아낀 걸까요? 내가 쿠폰을 이용하는 게 아니라 쿠폰이 나를 이용하는 겁니다.

4. 포인트의 함정에 빠지지 말자!

포인트 적립보다는 합리적인 소비가 먼저입니다. 포인트 모으는 재미에 빠져 딱히 필요 없는 물건을 사고, 때로는 필요한 이유를 만들어내죠. 게다가 '돈 대신 포인트로 샀다'라는 뿌듯함을 느끼고 싶어서 포인트는 돈보다 더 쉽게 씁니다. 포인트도 엄연히 내가 모은 돈입니다. 구매하기 전에 '만약 돈을 내야 한다면 이것을 살 것인가?' 하고 생각해보세요. 그럼 또 멈칫할 겁니다.

그래서 저는 제게 유용한 세 가지만 모아요. 이것저것 다 적립하려다 보면 불필요한 지출을 하게 되거든요.

5. '원플러스원'보다 그냥 '하나'만

한 개 더 준다는데 지금 안 사면 손해 보는 것 같아서 사고, 인터넷 쇼핑할 때 배송비 아까워 무료배송 금액 채우려고 하나 더 샀던 경험이 누구나 있을 겁니다. 그러고는 기분 뿌듯해하죠. '샴푸는 어차피 계속 쓰는 거니까 쌀 때 사놓았으니 돈 아꼈네' 하고요. 문제는, 미리 사두면 헤프게 사용한다는 겁니다. 얼른 새것을 사용하고 싶어서 일부러 많이 쓰거나, 더 쓸 수 있는데도 그냥 버려요.

또는 '원플러스원'이라 일단 샀는데 써보니까 별로인 거예요. 그래서 결국 안 쓰고 남 주기도 하고요. 쟁여놓은 음식은 결국 유효기간 지나서 버리고요. 차라리 한 개 사서 알뜰하게 쓰는 게 낫습니다.

6. 파생 소비 금지!

소비가 소비를 부른다고, 하나를 사면 이것저것 부수적으로 또 사게 되는 일명 파생 소비! 예를 들면 이런 것들이죠.

- 옷, 신발: 평소에 갖고 싶던 부츠를 드디어 샀다 → 부츠에 어울리는 치마가 없어서 치마도 샀다 → 그런데 치마 위에 입을 만한 재킷도 없네? 결국 재킷도 추가 → 정신 차려보니 부츠 하나로 인해 이번 달 예산은 마이너스?!
- 자동차: 차를 샀다 → 내비게이션, 블랙박스 등 그 외의 옵션도 추가했다 → 매달 보험료 납입, 정기적으로 드는 점검비에 유류비 등 유지비도 만만치 않다 → 그런데 맙소사! 잘못하면 범칙금, 과태료까지 물게 되는 상황이!

하나를 사면 연이어 사게 되는 파생 소비는 되도록 피하고, 파생 소비의 최고봉인 자동차는 꼭 필요해졌을 때 신중히 생각해서 구매합시다.

7. 카드사는 자선단체가 아닙니다

당장 돈이 없어도 사용할 수 있는 신용카드는 안 쓰지만, 잔고 안에서만 쓸 수 있는 체크카드는 괜찮다고요? 둘 다 별 차이 없습니다. 눈앞에서 직접 돈이 나가는 게 보여야 지출에 신중해져요. 또한 카드는 할부, 할인, 포인트가 더욱 소비를 조장하죠. 지출 통제가 잘 되는 사람이 아니면 카드는 독입니다.

카드사는 자선단체가 아니에요. 절대 그냥 할인해주지 않아요. 대부분의 카드는 한 달에 30만 원 이상의 사용 실적을 요구하는데 비해 월 할인 한도는 1만 원 정도로 미미합니다. 1만 원을 할인받기 위해 30만 원을 써줘야 하는 아이러니란!

'딱 1만 원만 더 쓰면 실적 채워서 다음 달에 할인받는데, 뭐 살 거 없나? 아, 치약 더 사야겠다. 어차피 치약은 계속 쓰는 거니까.'

그렇게 집에 있는 물건을 또 삽니다. 하지만 물건이 많으면 헤프게 쓰게 됩니다.

또 하나! 다음 달 할인을 위해 전달 실적을 채우게 하는 것도 카드사의 트릭이지만, 어렵게 실적 채워서 받은 혜택인데 안 쓰면 손해인 것 같아 또 돈을 쓰게 되죠.

'이번 달 마트 5퍼센트 할인되는데 뭐 살 거 없나?' 또는 '영화 할인되는데 영화나 볼까?' 하는 생각을 하게 되죠. 전 그래서 신용카드 만들 때 처음부터 마트, 영화, 커피숍 할인 같은 혜택보다 꼭 써야 하는 대중교통비, 휴대전화 할인 같은 혜택을 우선순위에 둡니다.

8. 갈등되면 사지 마세요

사기 전에 생각해보세요. 없으면 안 되는 것인지. 그래도 살까 말까 갈등되면 사지 마세요. 대부분은 안 사서 후회하기보다 사서 후회하고, 안 먹어서 후회하기보다 먹어서 후회합니다. 사면 후회가 남지만, 안 사면 돈이 남아요.

9. 추가 수입은 바로 입금!

저는 생각지 못한 수입이 생기면 얼마가 됐든 간에 바로 통장에 입금합니다. 수시로 입금은 가능하지만 출금은 만기가 되어야 가

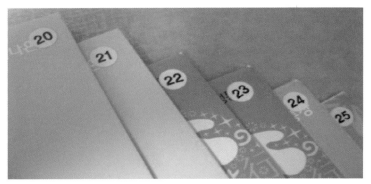

재형저축, 청약저축, CMA통장, 급여통장, 자유입출금 통장, 적금·예금 통장들. 관리하기 쉽게 번호를 붙였다.

능한 자유적금통장이 제격이죠. 쉽게 들어온 돈은 쉽게 쓰게 됩니다. 하지만 자유적금통장에 바로 입금하면 허투루 쓸 일이 없어요. 돈이 빨리 모이는 것은 물론 월말 결산할 때 그달의 추가 수입도 한눈에 볼 수 있어서 좋답니다.

10. 건강관리도 재테크입니다

제가 돈을 모으는 이유는 더 행복한 삶을 위해서입니다. 행복한 삶에 돈만큼 중요한 건 건강이겠죠. 게다가 병원은 쿠폰도 세일도 없잖아요. 아프면 그동안 모은 돈 한 번에 날아갈 수도 있어요. 꼭 돈 때문이 아니더라도 건강하면 삶의 질이 올라가요. 건강은 행복한 삶의 필수 조건입니다.

저는 커피를 마시지 않고 군것질도 잘 하지 않습니다. 그래서인지 치과 갈 일도 없네요. 몸에 좋지 않은 것은 거의 안 하고 제철 과일 많이 먹고 일부러 계단 이용합니다.

자신의 돈만큼 자신의 몸도 아껴주세요. 돈보다 소중한 게 몸이에요. 소소한 건강관리 습관이 가장 좋은 노후 대비일 수 있습니다.

02

외벌이,
신혼 때보다
자산이 열 배
늘었어요

나는 엄마야 (우진서윤엄마 안주현)

슈퍼짠 16년차

4인 가족에 외벌이 주말부부로 신혼 종잣돈을 열 배로 불린
결혼 14년차 프로 주부

"눈물 나게 고생해서
모은 1억,
그다음엔 눈덩이처럼
불어났습니다"

마이너스 통장을 플러스 통장으로

14년 전, 저희 부부의 신혼은 마이너스 통장과 함께 시작되었답니다. 시가에서 1억 5,000만 원을 마련해주셔서 전셋집을 알아보러 다니다가 마음이 바뀌어 집을 샀거든요. 남편 직장과 가까우면서 투자 가치가 있는 집을 찾아다니느라 꼬박 반년이 걸렸답니다.

마이너스 3,000만 원으로 시작한 신혼살림

서울 동작구, 마포구, 종로구, 서대문구, 성동구, 송파구, 동대문구, 경기도 광명시까지 여러 지역을 다녔는데 덕분에 부동산을 보는 안목을 키울 수 있었어요. 그러다가 신도림이 눈에 들어왔습니다. 지하철, 버스 등 대중교통 이용이 편리하고, 대형 쇼핑몰과 마트, 주상복합아파트 등이 들어설 계획이라고 했습니다. 남편 회사가 있는 구로구와도 가까웠고요.

시가에서 주신 돈에 남편이 그동안 붓고 있던 적금을 해약했지만 돈이 부족해서 마이너스 통장을 만들었어요. 그렇게 해서 3,000만 원의 빚과 함께 신혼을 시작했는데 그 마이너스 통장이 어찌나 눈에 거슬리던지요. 그때부터였던 것 같습니다. 가계부를 곁에 두고 아끼기 시작한 것이. 아이가 태어나기 전에 '마이너스 통장을 플러스 통장으로 전환한다'가 결혼 후 첫 목표였습니다.

식계부와 1재료 2반찬으로 잡은 식비

당시 남편 월급은 250만 원이었는데요. 월급날이 되면 60~70퍼센트를 먼저 저축하고 시어머니 생활비로 50만 원을 드렸습니다. 그외 추가로 나오는 성과급은 100퍼센트 저축했고요. 보험료와 통신비 등 고정지출을 제외하고 30만 원 정도로 살았어요. 빠듯했지만 부부만 생활했기에 식비를 많이 줄일 수 있었습니다. 재래시장과 대형 마트를 돌며 가격을 비교해서 100원이라도 싼 곳에서 장을 보고, 그 흔한 과일도 거의 사 먹지 않았습니다.

외식도 하지 않았어요. 대신 열심히 요리를 했습니다. 음식 솜씨 좋은 엄마의 요리를 어깨너머로 배워 한 가지씩 시도하다 보니 다채로운 요리를 할 수 있었어요. 콩나물 한 봉지를 사도 콩나물국만 끓이는 게 아니라 콩나물무침을 같이 했고, 애호박 하나를 사면 호박볶음을 하고 된장찌개에도 넣었습니다. 오징어 한 마리

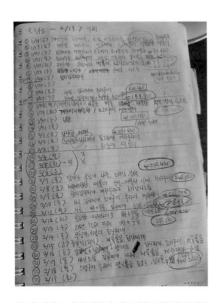

한 달 단위로 매일 반찬과 재료값을 기록해 식비를
낭비하지 않도록 단속했다.

로는 채소를 듬뿍 넣어 볶고 나머지로는 국을 끓였어요. 이렇게 한 가지 재료를 사면 두 가지 요리를 하고, '식계부'를 따로 쓰며 관리한 덕분에 매달 10~15만 원이면 식비가 해결되었죠.

식계부 외에 가계부도 꼼꼼히 썼는데요. 수기 가계부는 그때그때 노트만 펼치면 기록이 가능하니 편리했지만, 지출 항목별로 평균을 내고 결산하기가 쉽지가 않더군요. 그래서 지금은 남편이 만들어준 엑셀 가계부를 쓰고 있답니다. 가계부를 몇 년 쓰다 보니 매년 들어가는 세금이며 경조사비, 각 항목별 지출이 일목요연하게 눈에 들어와서 다음 해 예산을 세우기가 쉽더군요.

드디어 플러스 통장 달성! 그리고 적금, 또 적금

그렇게 절약하고 저축해서 아이가 태어나기 직전에 목표를 달성

했습니다. 2년 만에 마이너스 통장을 플러스 통장으로 전환하는데 성공했어요. 그리고 바로 적금을 들었습니다. 조금이라도 이율이 높은 곳을 찾아 등에는 아이를 업고 손에는 기저귀가방을 들고 버스 환승해 가며 계좌를 만들었습니다.

100만 원, 50만 원, 30만 원, 20만 원, 10만 원… 월 납입액을 다양하게 해서 적금을 넣었는데요. 금리가 제일 좋았던 상품이 6.8퍼센트였어요. 그때만 해도 적금 드는 재미가 쏠쏠했죠.

큰아들 이름으로 '우리 아이 1억 만들기' 같은 이름의 펀드에도 2년쯤 투자했어요. 그런데 제 성격에는 맞지 않더라고요. 수익률이 떨어지면 신경이 많이 쓰였습니다. 그래서 급락하기 직전에 정리했습니다. 덕분에 괜찮은 수익을 올렸지만 가격 변동을 감내할 자신이 없어 적금과 예금으로만 종잣돈 모으기를 했어요.

결혼 3년차가 되니 적금들이 만기가 되고, 그 돈을 두어 개씩 뭉쳐서 다시 예금으로 예치했답니다. 그렇게 하기를 반복하다 보니 1억 원이라는 종잣돈이 모이더군요. 그때 느꼈습니다. 아는 사람만 안다는 돈 모으는 재미를요.

통장이 늘어날 때마다 느끼는 희열은 말로 표현할 수가 없어요. 변변한 가방 하나, 좋은 옷 한 벌 없었지만 사고 싶은 것도 없었습니다. 딱히 먹고 싶은 것도, 하고 싶은 것도 없었어요. 당시 저의 최대 관심사는 아이를 잘 키우는 것과 종잣돈 모으기였습니다.

통장을 은행별로 죽 늘어놓고 바라보고 있으면 행복하고 충만했습니다.

결혼 6년차가 되니 통장에는 3억 원이라는 목돈이 들어 있더군요. 처음 1억 원 만들기가 어렵지 그 이후에는 돈이 눈덩이처럼 불어난답니다.

아이가 초등학교 다닐 때가 돈 모을 마지막 기회

물려입기는 기본, 단돈 10만 원으로 1년 옷 장만

아이가 생기니 확실히 마음이 흔들리더군요. 남들처럼 유기농 분유 먹이고, 무농약 채소로 이유식 만들어주고, 예쁜 옷도 입히고, 좋은 장난감도 사주고 싶었습니다. 하지만 마음을 다잡았어요. 나중을 위해서요. 훗날 아이가 유학을 가고 싶어 할 때 돈 걱정 없이 유학 보내줄 수 있고, 대학원에 진학하고 싶어 할 때 학비 지원해줄 수 있고, 결혼할 때 조금이라도 나은 상황에서 시작하도록 도움을 주고 싶었습니다. 그때를 위해 정말 아꼈습니다.

아이들이 두 돌 때까지는 내복만 입혔던 것 같아요. 가는 곳이라고는 양가 할머니 댁 정도인데 무슨 예쁜 옷이 필요할까 싶어서요. 출산 때 선물받은 내복 몇 벌을 열심히 세탁해 입히고, 겨울 점 퍼 같은 겉옷은 1년에 한 번씩 유아복 창고 세일에 가서 마련했습니다. 과소비를 막기 위해 신용카드는 집에 두고 현금으로 10만 원을 챙겨 가서 사계절 옷을 구입해 왔습니다.

둘째 계획이 있었기에 남아나 여아 모두 입히기 좋은 옷들로 구입했는데, 둘째는 딸이었어요. 작은딸은 초등학교 저학년 때까지 오빠 옷을 물려 입었습니다. 투정 한 번 안 부리고 오빠 옷을 입어준 딸아이가 고마워요. 아이들의 공이 컸습니다.

장난감도 집에 있는 것들을 활용했어요. 밀가루에 물감을 섞어 조물거리며 놀게 하고, 유아용 젓가락으로 콩 옮기기도 질리도록 하고, 콩주머니 만들어 집에서 미니올림픽도 하고요. 작은 종이상자에 알록달록한 시트를 붙여 블록 놀이도 하고, 집 안의 냄비란 냄비는 다 꺼내 두드리며 음률놀이도 했죠. 놀거리가 떨어지면 구에서 운영하는 장난감 대여점에서 장난감을 빌려 놀게 했네요.

아이들 교육은 선택과 집중이 필요해요

아이 유치원도 사립에서 병설로 옮겼습니다. 초등학교 병설 유치원 추첨에서 떨어져 사립 유치원에 보냈는데, 치열한 경쟁률을 뚫고 입학시키고 보니 매월 들어가는 돈이 최소 40만 원이더군요.

게다가 아들이 재미가 없다는 거예요. 그러던 차에 대기를 걸어두었던 병설 유치원에서 연락이 와 아이 손을 잡고 가보았더니 아이가 넓은 운동장과 교실에 매료되었는지 이렇게 말하는 겁니다.

"나 여기 다닐래."

기회다 싶어 바로 유치원을 옮겼습니다. 그런데 사립 유치원보다 하원 시간이 빠르고 집에 와도 같이 놀 친구가 없으니 아이가 심심해하더군요. 살짝 미안한 마음이 들어 집 근처 문화센터에 등록을 했어요. 3개월에 10만 원씩 주고 주산과 바둑을 배우게 했습니다. 두 과목에 월 7만 원이 안 되니 그 정도는 보상 차원에서 해줘야 엄마인 제 마음도 편할 것 같았습니다.

아이를 키우는 데는 무엇보다 부모가 중심을 잡는 것이 중요합니다. 저도 쉽지가 않더군요. 주위 엄마들은 이렇게 말했어요.

"병설 유치원을 왜 보내? 놀기만 하다가 오잖아."

"혹시 남편 실직했어? 학습지 하나를 안 시키고. 똑똑한 애한테 투자 좀 해."

저는 대답했죠.

"자기가 몰라서 그래. 병설 유치원은 정규 교육 과정을 운영하고 선생님들도 임용고시 합격한 실력파들이서."

"무슨 소리야. 남편 회사 잘 다니고 있어."

아이를 키우다 보면 선택과 집중을 해야 하는 시기들이 수도 없이 찾아옵니다. 앞집 영희는 무얼 한다더라, 옆집 철수는 어느 학원을 보낸다더라 하는 소리에 엄마로서 중심 잡기가 쉽지는 않았습니다. 하지만 내 아이는 영희도 아니고 철수도 아니었습니다. 내 아이를 가장 잘 아는 사람은 엄마인 나였고, 내 아이를 위한 맞춤 교육을 할 수 있는 사람도 나였습니다. 그래서 남들이 수학 학습지를 시킬 때 5,000원짜리 연산 수학 문제집을 사서 공부를 시켰습니다.

엄마표 수업으로 공부 습관까지 잡아주세요

중학교 1학년이 된 아들은 요즘 고등 수학을 공부하고 있답니다. 형들보다 정확하고 빠르게 문제를 푼다고 선생님께 칭찬을 듣는데, 연산 문제집으로 꾸준히 다진 실력 덕분이라고 생각합니다.

두 아이 모두 한글도 집에서 가르쳤어요. 자음과 모음이 합쳐져 소리를 만드는 것에 흥미를 느끼는 아이를 위해 엄마표 교재를 만들어 한글을 익히게 했어요. "누가 요즘 자음과 모음을 따로 가르치느냐, 통문자로 가르쳐야 한다"며 학습지를 시키라는 소리도 많이 들었지만, 꿋꿋하게 귀 막고 눈 가리며 내 방식을 고수했습니다.

한자는 학습 만화인 《마법천자문》을 보며 놀이처럼 가르쳤는데, 아이들이 흥미를 느껴서 한자능력시험 준비를 해봐도 좋을 것 같았습니다. 8급 대비용 문제집과 한자 카드를 구입해 아이들과 함께 즐겁게 준비했어요. 아이들이 아직 어려서 필기시험이 가능할까 싶었지만 경험 삼아 해보자는 생각으로 응시했는데 두 아이 모두 합격했어요. 시험에 합격했다는 사실이 아이들에게 큰 동기 유발 요인이 되어 7급에도 도전하더군요. 현재는 3급 준비 중이랍니다.

딸은 여섯 살 때부터 근처 주민센터에서 주산 수업을 몇 년간 시켰습니다. 덕분에 연산을 아주 잘해요. 월 2만 원(저는 다둥이 카드 할인받아 월 1만 원)이라는 저렴한 수강료에 못미더워하는 엄마들도 많았지만, 전 그렇게 생각하지 않았어요. 아이를 믿고 맡긴다는 진심을 보여드리면 선생님도 책임감을 갖고 잘 가르쳐주십니다.

도서관에서 하는 한국사 수업도 들었는데요. 3개월에 6만 원으로 이 역시 수업료가 저렴했습니다. 수업을 듣고 나서 한국사에 전보다 더 관심을 갖기에 EBS 강의를 듣게 한 후 한국사능력시험에도 도전했습니다. 그렇게 초급과 중급을 거쳐 이제 고급 단계만 남았네요.

개념 정리가 되어 있는 책 한 권과 기출문제집 한 권만 사주었는데요. 학원을 다니거나 친구들과 그룹을 만들어 주말마다 박물관에서 역사 수업을 듣거나 탐방을 다니는 친구들에 비하면 더뎠을 수도 있지만, 꾸준하게 달리고 있습니다.

돈을 아끼기 위한 방법이었는데 돌아보니 아이들에게 좋은 공부 습관을 잡아주는 시간들이었습니다. 덕분에 공부하라는 잔소리를 안 할 수 있었어요. 아들은 꿈을 이루기 위해 중국어와 프랑스어를 배우고 있습니다. 중국어는 학원을 다니고 프랑스어는 인터넷 강의로 독학 중이에요.

아이를 키우다 보면 홍수처럼 넘쳐나는 정보 속에서 헤어날 수도 없고, 귀가 팔랑거리고 마음이 흔들리는 숱한 순간들을 만나게 됩니다. 그래서 현명한 선택과 꾸준한 집중이 필요해요. 부모가 중심을 잡고 헤쳐나간다면 좋은 결과가 있을 겁니다.

좋은 집에 살기보다 미래를 준비해야

아이들은 나고 자란 동네에서 잘 지냈고, 저와 남편도 불만이 없었지만 한곳에 계속 머물러서는 발전이 없다는 생각이 들기 시작했습니다.

재개발은 발품만이 답입니다

3억 원의 종잣돈을 모으는 동안 부동산 투자를 염두에 두었기에

한창 집을 보러 다녔던 2013~
2014년 당시의 아현뉴타운.

신혼집을 계약했던 부동산 중개소를 수시로 들락거리며 소장님
과 친분을 쌓았습니다. 그분은 마곡지구와 아현뉴타운을 추천했
고, 그때부터 주말마다 아파트를 보러 다녔습니다. 차에 간식을
넉넉히 싣고 아이들과 함께 강서구 구축 아파트부터 마곡지구 모
델하우스까지 돌아다녔어요.

아현뉴타운 근처 부동산 중개소 중 홈페이지에 새로운 정보가
많이 올라오는 두어 곳에 수시로 연락하기도 했습니다.

"소장님, 괜찮은 물건을 찾아주시면 주말에 가서 보겠습니다."

그때만 해도 재개발이 어떻게 이뤄지는지, 권리가액은 뭐고 감
정가는 뭔지 아는 게 없었습니다.★ 이주비, 중도금 같은 용어도
어렵게 느껴져 밤마다 아이들 재우고 공부했습니다. 신혼집을 매
도하면 얻게 될 1억 2,000만 원의 시세차익과 종잣돈 3억 원을 어
떻게 해야 가장 현명하게 굴릴 수 있을지 매일 밤 계산기를 두드
리며 고민했습니다.

★ 재개발지구의 감정가와 권리가액 ★

- 감정가: 시장 또는 군수가 전문 평가자를 통해 조합원들이 소유한 주택과 대지를 평가한 부동산의 가치(감정평가액), 대개 시세의 70퍼센트.
- 비례율: 부동산 개발 후 얼마의 가치를 갖게 될지를 나타내는 비율, 100퍼센트를 많이 초과할수록 사업성이 좋다고 판단할 수 있다.

비례율=(종후자산평가액 − 총 사업비) / 총 종전평가액×100
- 종후자산평가액: 사업이 완료된 후 조합이 얻게 되는 조합원 분양 수입과 일반 분양 수입을 합한 비용
- 총 사업비: 공사비를 비롯한 모든 기타 사업비를 더한 비용
- 총 종전평가액: 조합원들이 종전에 보유하고 있던 평가액 총합

- 권리가액: 감정가에 비례율을 곱한 금액으로 조합원 입주권 매매 또는 증여 시 거래 기준이 되는 금액이자 입주나 분양 전환 시 기준이 된다.

잔금을 치르기까지 애태우던 새 집

마곡지구는 노후에는 살기 좋으나 출퇴근 동선으로는 적합하지 않았어요. 그에 비해 아현뉴타운은 교통편이 편리하고 당시 남편의 회사가 대구로 이전 계획이 있었던 차라, 그렇게 되면 지방근무가 많아질 듯하여 서울역과 용산역을 이용하기 수월한 아현뉴타운이 우리에게는 더 적합했습니다. 하지만 공사가 몇 년째 중단되어 있는 상태였죠.

마곡지구냐 아현뉴타운이냐, 아니면 익숙하고 편안한 동네에

서 계속 살 것이냐. 몇 달을 머리 싸매고 고민하다가 아이들이 어릴 때 움직이는 게 낫겠다 싶어 아현뉴타운으로 남편을 이끌었습니다. 프리미엄으로 1억 원을 부르기에 조금 낮춰주면 계약하겠다고 딜을 하고 집으로 돌아오니 이내 연락이 오더군요. 몇 년째 공사가 중단되어 대출 이자를 내기 버거워하는 집주인이 프리미엄을 8,000만 원 제시하기에 계약을 했습니다.

계약을 하면서도 옳은 결정인지 확신이 안 서더군요. 공사가 재개되지 않는다면 나 역시 이자를 감당 못해 손해를 보고 팔게될 것 같았습니다. 하지만 제가 수집한 정보를 토대로 승부수를 던졌어요. 근처 부동산 중개소 수십 곳을 돌며 들은 이야기로는 곧 공사가 진행될 것 같다고 했습니다. 새 조합장이 선출되었고, 언론에도 공사 재개 소식이 오르내리고 있었습니다.

계약을 하려니 3,000만 원이 부족해 남편 회사에서 1퍼센트대 금리로 대출을 받았습니다. 집 구입 시에는 8,000만 원까지 대출이 가능하다며 남편은 8,000만 원을 빌려왔어요. 이자가 저렴하니 대출받아 주식 투자하는 사람들도 많다며, 가구와 가전 등 새 살림살이 장만하고 남은 돈은 굴려보자면서요. 대출이 또 생겨 마음이 무거웠지만 잔금을 치를 때쯤 공사가 다시 진행되어 가슴을 쓸어내린 기억이 나네요.

건물주의 꿈을 위해 다시 초심으로

짠태기는 방심하면 바로 찾아와요

아현뉴타운 새 아파트를 계약하고 2년 뒤 무사히 입주를 했습니다. 가구며 가전, 주방용품까지 새것으로 구비해 넓은 아파트로 이사하니 꿈만 같았어요. 현실을 실감하기 위해서였을까요. 지난날에 비하면 사치스러운 삶이 시작되었습니다.

눈물 나게 아끼며 살아온 스스로에 대한 보상이기도 했고, 아이들에 대한 고마움의 표현이기도 했어요. 아이들이 뭔가를 요구할 때마다 "이사하면 해줄게"라며 미뤄왔기에 먹고 싶다는 것 다 사주고, 비행기 한 번 안 타본 사람은 우리뿐이라는 말에 일본, 태국, 싱가포르로 여행도 다녔습니다. 그렇게 안락하고 풍요로운 삶을 4년간 누리고 나니 어느 순간 정신이 번쩍 들더군요.

'이 정도 누려봤으면 됐어. 그동안 살림은 방만해지고 생활비는 기하급수적으로 늘었어. 더 이상은 안 돼.'

굳이 이 넓은 집에 있는 돈 다 묻어놓고 살 필요가 있을까 하는 생각도 들었어요. 또 하나, 뉴타운이 형성되고 4년이 지났건만 마땅한 학원이 없어 공부에 열의가 가득한 아이들을 만족시켜주지 못했습니다.

아이들은 점점 더 커가고, 교육비는 더더욱 상승할 테고, 남편이 회사에 다닐 수 있는 시간은 점점 줄어들고, 대출받은 8,000만 원도 생각보다 더디게 갚아지고, 돈도 안 모이고…. 결단을 내려야겠다 싶어 가족들과 머리를 맞대고 회의를 했습니다.

새로운 시작, 건물주라는 꿈을 위해

만장일치로 내린 결론은 우리 집을 전세로 주는 대신 공부 환경이 좋은 동네로 평수를 줄여 이사하는 것이었어요. 전셋집으로 이사를 하면서 대출 잔액을 싹 다 정리하고 얼마간의 돈이 남아 지금은 예금으로 묶어두고 있습니다. 그 이자만으로도 아이 한 명의 1년치 학원비는 해결이 되어 만족하지만, 남편 직장생활이 12년 정도밖에 남지 않아 여전히 마음이 급하답니다. 이사 온 지 1년, 다시 허리띠를 졸라매고 있습니다. 예전에는 아끼고 저축하는 것이 전부였다면 이제는 새로운 수익을 창출하면서 절약을 병행해야겠다는 생각이 들었어요. 월세를 받을 수 있는 상가를 구입하고 싶었습니다. 사실 지금 가진 돈으로도 가능하지만, 전세를 내주고 받은 보증금이 포함돼 있어 모험을 하기에는 위험했지요.

그래서 상가 구입을 목표로 돈을 모으고 있습니다. 초등학교 고학년인 딸아이가 중학교에 들어가기 전까지가 마지막 기회라고 생각하고 열심히 노력 중입니다. 그래도 전보다는 여유 있는 짠돌이 생활 중인데요. 너무 힘들면 오래 지속할 수 없다는 걸 알기 때문입니다.

우리 부부의 현재 자산은 신혼 때보다 열 배 늘었고, 목표는 딸아이가 대학에 입학하는 9년 뒤 건물주가 되는 것입니다. 우선 상가를 구입해 월세 수익을 창출하는 것이 먼저겠지요.

12년쯤 후면 남편이 퇴직하기에 저에게는 좀 더 아끼고 더욱 현명하게 가계를 꾸려가야 하는 큰 미션이 남아 있습니다. 그 미션을 잘 수행한다면 건물주의 꿈을 이룰 수 있을 거라 믿습니다.

"아이가 태어나기 전에 마이너스 통장을 플러스 통장으로 바꾸는 게 저희 부부의 1차 목표였습니다. 빚과 함께 시작할 수밖에 없는 신혼살림이라면 부부가 함께 분명한 목표를 만들고 공유하세요."

03

장애를 딛고 3년 만에 갚은 1억

작은부자연(오지연)
슈퍼짠 10년차

가족과 서로 믿고 의지하며 3년 만에 1억을 갚은 성실의 롤모델

월급 90만 원에 적금 20만 원

아무것도 가진 게 없었던 그와 나

저는 청각장애인입니다. 태어나면서부터 아픈 건 아니었어요. 고등학교 1학년 때까지는 누구보다 건강하고 밝은 소녀였습니다. 그런데 고등학교 2학년 때 시신경염을 앓았어요. 다행히 왼쪽 눈은 회복되었지만 오른쪽 눈은 손상을 입어 여전히 앞이 잘 안 보입니다.

게다가 시신경염 치료를 받는 와중에 청각도 손상되었어요. 시력이 급격히 떨어지기 시작한 때라 청력이 감소하는 것에는 미처 신경을 쓰지 못했습니다. 결국 보청기에 의지하게 됐는데요. 장애 진단을 받을 수 있다는 사실을 몰라 10년 후 스물일곱 살에야 2급 진단을 받았습니다. 가장 심한 1급이 아니라 그나마 다행이라고 생각했는데, 청각장애는 6급부터 2급까지밖에 없더군요.

그렇게 눈도 안 좋고 귀도 잘 안 들리는 상태로 고등학교를 마치고, 졸업하자마자 바로 취업을 했습니다. 그러다가 같은 처지의 사람들과 정보도 나누고 교류도 하고 싶어 장애인 동호회에 가입했습니다. 그곳에서 지체장애를 가진 한 남자를 만났습니다. 초등학생 때 추락 사고를 당했는데 제대로 치료를 받지 못해 장애가 생겼다고 했습니다. 그는 부모가 없었어요. 어릴 때부터 보육원에서 자란 고아였습니다.

우리는 아무것도 가진 게 없었습니다. 하지만 사랑이 있었기에 함께하기로 했습니다. 둘이 힘을 합쳐 열심히 살면 지금보다 나아질 거라 믿었습니다. 그렇게 2001년, 제 나이 서른한 살 때 결혼을 했습니다.

한 달 생활비는 56만 원

저는 서울 토박이였고, 남편은 지방 중소 도시에 살고 있었습니다. 남편이 살고 있는 보증금 1,600만 원짜리 전셋집에서 신혼살림을 시작했습니다. 저는 그동안 직장생활을 하며 모은 2,000만 원에서 600만 원을 결혼식 비용과 혼수 마련에 쓰고 나머지 1,400만 원은 비상금으로 가져갔어요.

남편의 재산은 전세보증금 외에 할부로 구입한 마티즈 한 대가 전부였죠. 매달 갚아나가는 할부금이 부담스러웠지만 다리가 불편한 남편에게는 꼭 필요한 차였습니다.

남편은 간판을 제작하고 시공하는 공장에서 일했고 월급은 정확히 90만 원이었어요. 자동차 할부금 20만 원 내고 남편 종신보험료를 내고 나니 56만 원이 남더군요. 결혼하고 바로 아기가 생겨 저는 직장을 알아보려던 계획을 접고 집에서 부업을 시작했습니다. 수입은 많지 않았지만 부업을 한 덕분에 한 달에 20만 원을 저축할 수 있었죠.

이듬해 2002년, 우리나라에서 월드컵이 열리던 해에 딸이 태어났어요. 식구가 하나 늘었는데 수입은 그대로라 남편은 공장을 그만두고 마티즈를 팔았습니다. 대신 제가 결혼할 때 가지고 온 돈으로 트럭을 한 대 구입해서 일용직으로 간판 제작 및 시공을 하기 시작했습니다. 불러주는 데만 있으면 남편은 비가 오나 눈이 오나 마다하지 않고 참 열심히 일했습니다.

저도 여성인력개발센터에서 운영하는 홈패션·양재 과정에 등록했답니다. 천으로 무언가 만드는 것을 좋아해 저한테 딱 맞는 일이다 싶었죠. 나중에 작게라도 창업을 할 생각으로 열심히 배웠어요. 하지만 홈패션과 양재로 일을 할 수는 없게 되었습니다. 시력이 더 나빠졌거든요.

아이가 젖을 떼고 옹알이를 하고 아장아장 걸으며 무럭무럭 자라는 동안 남편의 수입도 점점 늘어 공장 다닐 때의 두 배가 되었어요. 집도 보증금 2,500만 원짜리 전세로 옮겼고요.

회색 안개가 걷히고 푸른 하늘이

병 때문에 한 달배기를 친정에 맡기고

2005년에는 둘째딸도 태어났어요. 임신 중기부터 관절들이 아팠는데 출산 후에는 걷기도 힘들었습니다. 하루에도 몇 번씩 상의를 갈아입어야 할 만큼 땀이 비 오듯 흐르고 시력도 굉장히 나빠졌어요.

서울에 있는 대학병원에서 응급으로 검사를 받았지만 병명이 나오지 않더군요. 고등학교 때 앓았던 시신경염도 아니라고 했습니다. 원인을 모르니 병원에서는 그저 가망이 없다고만 하더군요.

혹시 한방으로는 될까 싶어 한의원에 다니기 시작했습니다. 4년 동안 알뜰히 모아둔 돈을 한약을 지어 먹는 데 많이 써버렸어요. 그런 와중에도 가계에 적자를 내지 않기 위해 애썼던 제가 지금 생각하면 좀 바보 같기도 합니다.

태어난 지 한 달밖에 안 된 작은딸을 서울의 친정에 맡기고 다섯 살배기 큰딸만 데리고 있으면서 매일매일 알지 못하는 병과 싸웠습니다. 책을 보려고 해도, 어린이집에서 아이가 통신문을 받아와도 선명하게 보이지 않아서 애를 먹곤 했어요. 외출 한번 하려면 계단에서 넘어지는 일이 생겨서 다리에 피멍이 들 때도 있었고요. 횡단보도를 건너려고 하면 저 멀리 있는 신호등 색깔이 제대로 보이지 않아서 다른 사람들이 올 때까지 기다렸다가 같이 건너기도 했답니다.

사정이 이렇다 보니 딸아이는 어린이집을 아침 일찍 등원해서 늦게까지 있다가 남편이 일을 마치고 들어오면서 데려오곤 했습니다.

천만다행으로 다시 만난 하늘

어린 딸이 엄마를 많이 도와주었습니다. 앉았다 일어날 때면 딸의 부축을 받아야 했고 옷을 입을 때도 도움이 필요했습니다. 그 조그만 아이가 냉장고에서 반찬을 꺼내 상을 차리고 식사가 끝나면 설거지통으로 그릇들을 옮겨주었죠. 슈퍼마켓으로 심부름을 다녀오기도 했습니다.

관절 통증과 시력 저하로 고통받는 생활이 2년쯤 이어지던 어느 날이었습니다. 숨이 잘 쉬어지지 않았어요. 급기야 호흡곤란으로 병원에 입원을 했습니다. 폐에 물이 많이 찼다고 하더군요. 그래서인지 산소호흡기를 하고 있어도 숨 쉬기가 힘들었어요.

병원에서는 폐암을 의심했습니다. 폐에 차 있는 물을 빼내고 열흘 동안 여러 가지 검사를 받았습니다. 폐 조직 검사를 끝으로 희귀 난치병 진단을 받았습니다.

그 병원에 제 병을 전공한 의사가 없어서 수소문 끝에 대학병원에 계시다 개원한 선생님을 알게 되었어요. 지금 제 주치의 선생님인데, 선생님은 퇴근 후 제가 입원해 있는 병원으로 와서 진료를 해주셨습니다. 정말 고마운 분이에요.

선생님 말씀이, 청각장애가 생겼던 고등학교 2학년 때부터 갖고 있었던 병이랍니다. 운 좋게 만난 선생님 덕분에 조금씩 앞이 잘 보이기 시작했고, 관절들도 아프지 않게 되었어요. 처음에는 독한 약을 다량으로 사용해서 몸도 붓고 머리카락도 많이 빠졌지만 지난 2년의 시간을 생각하니 하루하루가 감사했습니다. 퇴원을 하던 날 고개를 드니 하늘이 파랗더군요. 파란 하늘을 보니 눈물이 나오면서 참으로 행복했어요.

세상에서 제일 큰 우리 차

꿈만 같은 새 집, 다시 찾은 둘째딸

남편은 저를 햇빛이 잘 들어오는 집에 살게 해주고 싶어 했습니다. 우리가 사는 집은 빌라인 데다 바로 앞에 큰 건물이 막아서고 있었거든요.

퇴원하자마자 같이 집을 보러 다니다가 마음에 드는 집을 만났습니다. 10년 된 소형 아파트였어요. 햇빛이 환하게 들어오는 남향에 초등학교와 중학교가 단지 바로 옆이고 고등학교도 걸어서 갈 수 있었습니다. 무엇보다 동네에 큰 공원과 도서관이 있었어요. 산책할 수 있는 공원과 책을 읽을 수 있는 도서관 옆 아파트는 늘 꿈꿔온 집이었습니다. 내 집으로 최고였어요. 그렇게 2,500만 원을 대출받아 집을 구입했습니다. 퇴원 한 달 만이었어요.

새 집으로 이사하던 날, 드디어 작은딸을 데려왔습니다. 태어나자마자 엄마 아빠와 떨어져 살았지만 할머니 할아버지 덕분에 건강하게 잘 자랐어요. 2년 동안 저희 부모님이 정말 고생하셨죠. 양육비도 못 드리고 그저 아이한테 들어가는 비용만 부족하지 않게 챙겨드렸어요.

아픈 손가락이던 둘째도 데려오고, 병명을 알아내 치료도 받고, 내 집 마련도 하고, 참 행복했어요. 이제 전력을 다해 대출금을 갚을 차례였죠.

살림 밑천이 되어준 고마운 트럭을 보내며

평균 250만 원이던 남편의 수입에서 절반을 떼어 매달 대출금을

갚아나갔어요. 그때 대출 이자가 6퍼센트가 넘었으니 외벌이 수입으로 부담이 컸습니다. 그렇게 2년 만에 대출 상환을 하고 나니 그 사이에 아파트 가격이 올라 있더군요. 지방 아파트는 잘 안 오르는데 우리가 집을 산 후 지방도 아파트 가격이 들썩이면서 생각보다 많이 올랐어요. 서울처럼 억 단위는 아니었지만 기분이 좋았습니다.

아이들이 커가니 남편은 수입을 늘릴 방안을 고민하기 시작했습니다. 그리고 1년간 준비해서 대형화물차 면허증을 땄어요. 크레인 개인사업자가 되기 위해서였죠. 크레인 가격은 1억 3,000만 원이었습니다. 그동안 저축한 3,000만 원에 집을 담보로 해서 1억 원을 빌려 크레인을 샀습니다.

그동안 열심히 일해준 트럭과는 작별을 했죠. 참 고마운 트럭이었어요. 딸들이 트럭 타는 걸 참 좋아했고 아파트에 주차해놓은 트럭을 가리키며 우리 차가 제일 크다고 친구들에게 자랑하곤 했어요.

언젠가 트럭을 타고 동해로 여행을 간 적이 있었어요. 숙박은 제 동생이 직원가로 저렴하게 구해준 조금 화려한 리조트에서 했죠. 번쩍거리는 자가용들이 주차된 곳에 트럭을 주차하고 내리니 지나가던 다른 가족이 쳐다보더군요. 예닐곱 정도 돼 보이는 꼬마가 자꾸 쳐다보니 큰딸이 외쳤어요.

"우리 차 대빵 크지?"

꼬마가 대꾸했습니다.

"응. 정말 대빵 크다!"

꼬마의 부모님과 저희 부부는 서로를 보며 살짝 웃었네요.

추억이 깃든 트럭을 보내고 대출 1억 원과 함께 남편은 크레인 개인사업자가 되었습니다.

다시 1억의 대출을 안고 새로운 길을 찾아

남편의 신발은 단 두 켤레

1억 원이라는 큰 빚이 생겼으니 무조건 아껴야 했습니다. 아이들 옷은 양말까지 물려받아 입혔고, 필요한 물품은 온라인 벼룩시장 이나 아름다운 가게에서 사서 쓰곤 했어요. 지금도 신발장을 열면 남편 신발은 딱 두 켤레예요. 장애인 정형화로 운동화처럼 생겼는 데 시중에서 살 수 있는 게 아니라 발 모양을 떠서 맞추는 거라 가 격이 비싸거든요.

저는 남편보다는 신발이 많답니다. 운동화 두 켤레와 여름용 슬리퍼 하나, 겨울용 슬리퍼 하나, 그리고 스포츠 샌들 한 켤레. 구

두나 부츠는 없어요. 굳이 필요하지도 않고 돈을 아끼기 위해서이기도 하지만 손과 발에 염증을 달고 살다 보니 딱 맞는 예쁜 신발은 신으면 아프거든요.

가방도 돈 주고 산 적이 없었습니다. 여동생이 가방을 줘서 기저귀 가방으로 사용하다가 장바구니용으로 잘 들고 다녔는데 나중에야 고가의 가방인 걸 알았어요. 프라다가 뭔지도 모르고 막 들고 다녔는데, 변변한 가방 하나 없는 언니를 위해 여동생이 큰마음 먹고 준 것이었다네요.

그다음에 여동생은 코치 숄더백을 선물로 줬어요. 언니가 또 장바구니로 쓸까 염려되어 몇 번이나 비싼 가방이라고 알려주었답니다. 지금 10년 가까이 메고 다니는 중인데 몇 년은 더 써도 끄떡없을 것 같아요.

아끼고 모아서 3년 만에 1억을 갚았습니다

저희는 사교육도 거의 시키지 않았어요. 아이가 꼭 원하는 것이나 필요한 것 한 가지씩만 배우게 했는데, 큰딸이 지금 고등학교 2학년인데도 사교육 없이 공부하고 있답니다. 내신은 교과서와 자습서를 무한 반복해 보면서 준비하고 수능은 인강을 듣고 또 들으며 준비하고 있어요. 중학교 2학년인 작은딸은 영어만 따로 공부하고 있고요.

우리 집에서는 식비와 병원비가 가장 지출이 많은 항목이랍니다. 다른 항목은 빠듯하게 예산을 잡아도 식비는 좀 더 넉넉히 잡아요. 병원비는 예산을 세워도 제 건강 상태에 따라 변동이 생기는 항목이고요.

제가 건강이 안 좋고 아이들이 있으니 음식은 좋은 것으로 먹자는 주의라 일주일에 한 번씩 유기농 매장에서 주문을 합니다. 제철 채소와 콩류는 마트보다 저렴한 것도 많거든요.

달걀은 꼭 사육환경번호를 보고 구입하는데, 좋은 환경에서 자란 닭이 낳은 달걀을 먹을수록 사육 환경이 점점 좋아질 거라는 믿음을 갖고 있습니다. 이런 생각은 작은딸의 영향이 커요. 비좁은 우리에서 비참하게 사육당하다 죽는 닭들에 대해 알고 난 초등학교 5학년 때부터 딸아이는 닭고기를 먹지 않더니 모든 고기와 생선까지 안 먹기 시작했어요. 그래서 키도 작고 저체중이라 다른 음식이라도 좋은 걸 먹이려고 하다 보니 식비가 많이 든답니다.

경조사비도 항상 나가는 지출입니다. 나한테 아끼면 '알뜰'이지만 남한테 아끼는 건 '인색'이잖아요. 그래서 부모님 병원비와 용돈, 지인 경조사는 형편에 맞게 잘 챙기려고 노력해요. 소액이지만 매월 후원금도 내고 있답니다. 이외에는 전부 아끼고 열심히 가계부를 쓰면서 살고 있습니다.

이렇게 아끼고 모아서 3년 만에 1억을 갚았어요. 그 사이에 남편의 수입은 일용직으로 일할 때보다 두 배로 늘었고요. 아이들이 자라면서 지출도 좀 늘었지만 저축은 훨씬 더 많이 늘었답니다. 그동안 빚 갚는 데 쓰던 돈을 그대로 저축하니 통장은 점점 빵빵해져갔습니다.

소중한 오늘, 원하는 내일을 살기 위해

다시 찾은 건강에 감사하며

통장 잔고가 늘어나고 집을 산 지 10년이 되어가니 20년 된 낡은 아파트에서 새 아파트로 이사 가고 싶은 생각이 하루에도 몇 번씩 들더군요. 하지만 병과 싸우고 빚을 갚으며 힘들게 모은 목돈이라 안정적인 투자처를 찾을 때까지 통장에 계속 예치해두기로 마음을 먹었답니다. 대신 재테크 책을 읽으며 공부하고 다가구주택이나 상가주택도 보러 다니며 준비했습니다.

문제는 제 건강이었습니다. 갑자기 무릎이 못 견디게 아팠습니다. 검사를 받은 병원에서 골육종을 의심해 서울에 있는 병원에 입원했습니다. 골육종이 거의 확실하다는 의사 선생님 말에 눈물을 뚝뚝 흘리며 조직검사를 받았습니다. 일주일 후 검사 결과가 나왔는데 다행히 골육종이 아니었습니다. 제가 갖고 있는 병의 합병증으로 무릎 뼈가 괴사한 것이었어요.

수술은 잘 되었습니다. 하지만 지혈이 잘 안 되고 상처가 잘 아물지 않아 한 달을 입원해 있었죠. 건강한 사람은 2주면 상처가 아무는데 제 병의 특성상 수혈도 몇 번 받고 진통제도 맞아가면서 힘든 시간을 보냈어요. 그 한 달 동안 남편은 일도 접어두고 곁에서 간호해주었어요. 동생들도 고생이 많았고요. 마침 겨울방학 때라 두 딸은 병원 가까이에 사는 남동생이 데리고 있었어요. 남동생은 물론 올케, 여동생과 제부가 없었다면 남편과 아이들이 많이 힘들었을 거예요. 정말 고마웠어요.

예상 날짜보다 일찍 퇴원해서 작은딸 초등학교 졸업식에는 참석할 수 있었답니다. 큰딸 중학교 졸업식은 못 갔거든요. 이렇게 또 한 고비를 넘기면서 감사함을 가졌습니다.

어제보다 오늘, 오늘보다 내일을 위해

지금은 뛰는 건 어려워도 걷는 데는 문제가 없답니다. 그래서 산책 삼아 일주일에 두세 번쯤 도서관에 갑니다. 책을 빌려서 올 때도 있고 정기간행물실에서 잡지나 신문을 읽을 때도 있어요. 도서관을 나오기 전에는 1층 카페에서 커피를 마십니다. 카페라테 한 잔 마시며 바라보는 창밖의 공원은 그 자체로 힐링이거든요. 며칠 전에는 창문 밖으로 흩날리는 벚꽃을 보았어요. 어찌나 예쁜지 집에 와서도 아른거리더군요.

2,500원에서 3,500원 하는 카페라테가 저의 유일한 사치랍니다. 제가 절약하는 이유는 노후에 원하지 않는 노동을 하지 않기 위해서예요. 남편은 지금 40대 후반에 건강한 편이고 정년이 없는 일을 하고 있지만, 육체적으로 힘들고 위험이 따르는 노동이에요. 더군다나 한쪽 다리가 불편해서 오래 서 있거나 걸으면 허리와 무릎이 많이 아프거든요. 노후에는 남편이 하고 싶은 목공 일을 할 수 있게 작은 가게를 차려주고 싶어요.

또 하나의 이유는 두 딸 때문입니다. 아이들 자립금을 만들고 있는 건 적어도 아이들에게 가난을 물려주고 싶지 않은 최소한의 제 노력이랍니다. 또 아이들에게 부모의 노후를 걱정시키고 싶지 않습니다. 부모가 어느 정도 노후 대비가 되어 있어야 아이들도 부담 없이 자기 일을 할 수 있지 않겠어요.

지난 시간을 뒤돌아보니 어제보다 오늘, 오늘보다 내일을 위해서 열심히 살았어요. 한 고비 한 고비를 힘들게 넘어 여기까지 왔네요. 요즘은 하루하루가 참 소중합니다. 더 이상은 미래에 대한 걱정과 두려움 때문에 소중한 오늘을 놓치지 않으렵니다.

작은 부자로 가는 길

저희 부부의 목표는 항상 '작은 부자가 되자'였습니다. 막연하고 큰 부(富)에 대한 욕심보다는, 우리 가족 안정적으로 살고 아이들의 앞길에 보탬이 될 만큼의 부, 그게 우선이었지요. 그래서 우리 부부가 꼽는 작은 부자로 가는 여섯 가지 길을 알려드리고 싶어요.

1. 돈보다 더 소중한 건 건강!

심하게 아파본 사람은 바로 수긍할 거예요. 지금도 현재진행형이지만 여기저기 아파보니 건강만큼 소중한 것이 없어요. 짠돌이 생활도 좋지만 나와 가족의 건강이 언제나 우선이에요. 건강한 게 돈 버는 길이랍니다.

2. 보험 가입하기

실손보험 하나쯤은 가입해두세요. 서민일수록 병에 걸리면 극빈층으로 전락할 수 있거든요. 병에 걸리면 보험 가입도 힘들어져서 건강할 때 가입하는 게 좋아요. 남편은 실손보험 외에 종신보험에 가입돼 있는데 처음에는 큰 부담이었지만 이제 납입 만기가 얼마 안 남았답니다. 예전 상품이라 보장도 아주 잘되어 있어요. 해지환급금도 생각보다 많고 연금 전환도 가능해요. 두 딸도 실손보험 하나씩 있고, 저는 가입 자체가 불가능해서 하나도 없었다가 2년 전에 간편 심사로 생명보험에 들었어요. 가입한 지 1년 만에 골괴 사로 수술과 입원을 하면서 적잖은 도움이 되었답니다.

3. 국민연금 임의가입하기

남편은 개인사업자로 국민연금을 납입하고 있고 주부인 저는 임 의가입해서 최저 금액으로 납입하고 있어요. 연금을 받을 때쯤에 는 부부 합해서 최저 생활비는 나올 것 같아요. 열심히 납입하고 있어서 연금 받으려면 오래 살아야 해요. 말도 많고 탈도 많은 국 민연금이지만 그래도 연금 중에서는 기본이자 최고예요.★

★ 국민연금 임의가입제도 ★

국내 거주하는 18세 이상~60세 미만 국민으로 사업장 가입자나 지역 가입자가 될 수 없 는 사람도 본인의 선택에 따라 가입할 수 있다.

타 공적연금 가입자의 무소득 배우자, 사업장 가입자 및 지역 가입자의 무소득 배우자, 노령연금 수급권자의 무소득 배우자, 타 공적연금 수급권자 또는 그의 무소득 배우자, 국 민기초생활보장법에 의한 수급자 등이 임의가입제도의 가입 대상자에 해당한다.

소득이 없는 학생이나 주부들이 국민연금 가입기간을 늘리는 방법으로 활용할 수 있다.

* 가입신청: 국민연금공단 지사 방문, 우편, 팩스 또는 전화(본인확인 가능 시)
* 상담: 국민연금 콜센터(1355)

(출처: 국민연금공단 공식 포스트)

4. 내 집 마련하기

부동산은 끝났다느니 아파트 값이 폭락한다느니 해도 하늘 아래 내 집 한 채는 꼭 필요해요. 내 집이 주는 안정감과 편안함은 전세로 사는 것하고는 비교가 안 되거든요. 똑똑한 내 집 한 채는 주택연금도 가능해서 든든한 노후 자산이에요. 저희는 몇 년 후 평생 거주할 집을 마련해서 노후에 주택연금을 받을 생각이랍니다.

5. 목돈이 모이면 투자하기

알뜰살뜰 아끼고 저축하다 보면 목돈이 모아져요. 통장이 빵빵해지는 순간이죠. 이제 이 돈을 적절하게 굴려야 돼요. 저는 주식이나 펀드보다는 부동산에 관심이 있어요. 제가 사는 곳은 다가구주택이나 상가주택도 비교적 저렴한 지역이라서 저희 부부도 곧 건물주를 바라볼 수 있을 것 같아요.

6. 아이들 자립금 만들기

두 딸이 어렸을 때부터 자립금 목적으로 꾸준히 저축을 하고 있어요. 아이들이 부모로부터 독립할 시점에 자립금을 챙겨주고 싶어요. 액수가 크지는 않더라도 목돈이 있는 상황에서의 출발은 여유롭습니다. 돈을 모으기도 훨씬 수월하죠. 아이들 자립금 목적의 저축은 저희 자산에 넣지 않아요. 아이들 몫이니까요.

"저희 부부의 목표는 항상 '작은 부자가 되자'였습니다. 막연하고 큰 부에 대한 욕심보다는, 우리 가족 안정적으로 살고 아이들의 앞길에 보탬이 될 만큼의 부, 그게 우선이었지요."

04

건물주
아니어도
월세 받고
사는 법

황금호랑이 ♥ (최주영)
슈퍼짠 30년차

어릴 때부터 영민한 돈 센스로 일찍이 경제적 독립을 일군
자수성가형 절약 고수

"독립하니
돈이 더 모이고
내 집도 생겼어요"

돈 모으는 재미를 알아버린 여덟 살

저에게는 투명파일에 고이 넣어둔, 보물처럼 간직하고 있는 5만 원권 한 장이 있답니다. 그 돈이 생긴 날짜까지 메모지에 적어 함께 넣어두었는데요. 벌써 3년째 소중히 보관하고 있어요.

이 5만 원이 무슨 돈이냐 하면, 로또 3등에 당첨된 기념으로 아버지가 주신 돈입니다. 제가 태어나서 처음 받아본 용돈이니 소중할 수밖에요. 마음 같아선 액자에 넣어 거실 벽에 걸어두고 싶어요.

아버지가 주신 첫 용돈 5만 원. 보물이나 마찬가지다.

물론 설날에 절을 하면 세뱃돈을 주셨지만 그게 전부였어요. 그때만 해도 흔하게 볼 수 있었던, 아들만 귀하게 여기는 집안이라 총수입(?)은 많지 않았어요. 아들에게는 1만 원권 퍼런 배춧잎이 십여 장씩 가도 딸은 한 살이건 열다섯 살이건 1,000원짜리 몇 장이 고작이었답니다.

내 통장은 용돈기입장

명절이 지나고 학교에 가면 친구들은 모두 몇십만 원을 받았다는 둥, 100만 원 가까이 된다는 둥 자랑을 했지만 저는 많아야 2만 원이었답니다. 그 돈을 저는 한 푼도 쓰지 않고 통장에 넣었어요.

여덟 살 때 엄마가 언니와 저를 가까운 새마을금고에 데려가서 통장을 만들어주셨거든요. 그것도 두 개나요. 하나는 모으기용 통장, 다른 하나는 용돈 통장이었습니다. 엄마는 언니와 제 이름이 적힌 꼬깃꼬깃한 봉투 두 개에서 돈을 꺼내더니 우리 통장에 각각 넣어주셨어요.

"이건 너희들이 태어났을 때 친척들이 선물로 주신 돈이랑 그동안 너희들이 명절에 받은 돈을 모아놓은 거야. 이제 통장에 넣었으니 너희들이 관리하렴. 참, 도장 만드는 데 든 돈은 여기서 썼어."

우리는 엄마와 약속을 했답니다. 돈이 생기면 90퍼센트는 모으기용 통장에, 10퍼센트는 용돈 통장에 넣기로요.

"용돈 통장은 너희 마음대로 쓰렴. 돈을 넣는 것도 찾는 것도 스스로 하고, 엄마가 은행에 같이 와주는 건 오늘이 마지막이야. 앞으로는 직접 와야 한단다. 그리고 돈을 넣거나 찾을 때는 그 내용을 통장에 써놓으렴."

통장이 용돈기입장인 셈이었지요. 사실 저에게는 용돈기입장이 필요 없었어요. 주기적으로 용돈을 받는 것도 아니고 친척이나 부모님 지인들에게서 어쩌다 받는 돈이 전부였으니까요. 딱히 쓸 내용이 없었던 거죠.

생각해보면 통장을 용돈기입장으로 사용한 건 참 좋은 방법이었어요. 어릴 때는 무언가를 일기처럼 적어야 하는 것도 부담이 되고 어른처럼 지출이 다양하지 않기 때문에 통장 여백에 기재하는 방법이 안성맞춤이죠.

90/10 통장의 법칙

이때부터 저는 돈 모으는 재미를 알기 시작했답니다. 제 이름이 떡하니 적힌 통장에 숫자가 찍히니 정말 신나더라고요. 돈이 모이는 것이 한눈에 보이고 게다가 이자까지 붙으니 이런 신세계가! 게다가 통장에 돈이 많이 들어 있으면 이자가 훨씬 더 많이 붙으니 신기했어요. 나중에는 이렇게 붙은 이자에 대해 세금을 내야 한다는 것까지 알 수 있게 되었죠. 통장 덕분에 일찍부터 경제에 눈을 뜬 셈입니다.

통장이 너덜너덜해져 뒷면의 마그네틱이 손상될 만큼 자주자주 통장을 꺼내보았어요. 잔고가 줄어드는 게 싫어서 사고 싶은 물건이 있어도 몇 번을 생각하게 되더군요. 돈을 인출하러 갔다가도 마음이 바뀌어 되돌아오는 날도 많았답니다.

그렇게 여덟 살 때부터 돈의 맛을 알게 됐어요. 엄마와의 약속대로 돈이 들어오면 90퍼센트는 모으기 통장에 넣고, 10퍼센트는 용돈 통장에 넣었습니다. 나중에는 수입 통장을 하나 더 만들었습니다.

땅 파고 병 주워서 입금 완료!

땅 파면 진짜 돈 나옵니다

통장에 입금하고 싶은데 돈이 없으면 그렇게 안타까울 수가 없었어요. 그날도 입금하고 싶다는 생각으로 머릿속이 가득 차 있었는데 문득 친구가 놀이터에서 돈을 잃어버렸다고 얘기했던 게 떠오르는 거예요. 놀다가 돈을 흘리는 아이들이 친구만은 아닐 테니 놀이터에 가면 주인 없는 동전들이 숨어 있을 것 같았어요.

그래서 언니에게 같이 가자고 얘기했지만 자신은 거지가 아니라면서 딱 잘라 거절을 하는 거예요. 싫으면 관두서, 하고 혼자 놀이터에 나가 모래밭을 발로 헤집고 있는데 한 아주머니가 다가오셨어요.

"애야, 운동화 더러워지면 엄마한테 혼날지도 몰라."

아주머니는 부러진 나뭇가지를 건네주셨어요. 그 나뭇가지로 모래를 뒤져 170원을 주웠답니다. 아주머니는 집으로 돌아가며 이렇게 말씀하셨어요.

"동전은 잃어버리기 쉬워. 그네 탈 때나 철봉에 매달릴 때, 정글짐 올라갈 때는 조심해."

이 한 말씀이 저의 다음 목적지를 알려주었답니다. 정말로 그네나 철봉 근처에서 동전이 나오더군요. 하지만 동전을 줍는 날보다 줍지 못하는 날이 더 많았어요.

잠깐만요, 더 가져올게요!

그러던 어느 날 운명적인 만남을 하게 됩니다. 손수레를 밀고 재활용품을 수집하러 다니는 어느 할머니를 만난 거예요. 제가 순찰(?)

하는 시간과 할머니의 경제활동 시간이 겹쳤거든요.

할머니는 제가 고아인 줄 알았다고 하시더라고요. 어린아이가 혼자 돌아다니며 동전을 줍고 다녔으니 충분히 그렇게 보였을 거예요.

할머니를 도와드리면서 이런저런 얘기를 하다가, 통장에 입금하고 싶은데 돈이 없다고 했더니 할머니가 허허 웃으며 빈 음료수 병을 몇 개 주셨어요. 슈퍼마켓에 가져가면 돈으로 바꿔준다고요. 세상에! 할머니와의 만남은 진정 운명이었습니다.

그날 이후 시간이 날 때마다 백팩 안에 커다란 비닐봉투를 넣고(잔여 음료들 때문에 가방이 젖으면 안 되니까요) '노다지'를 캐러 다녔습니다. 할머니가 다니시는 곳을 피해서 유리로 된 음료수 병이나 술병, 캔을 주웠어요. 유리병은 슈퍼마켓에서 돈으로 바꾸고 캔은 할머니 손수레에 넣어드렸죠.

소중한 정보를 제공해주신 데 대한 보답이랄까요. 캔은 고물상을 가야 돈으로 바꿀 수 있어서 저에겐 무용지물이었지만 할머니에겐 도움이 될 것 같았습니다. 하루에 슈퍼마켓을 몇 번이나 들락거렸는지 모릅니다.

"잠깐만요. 더 가져올게요."

가방이 작아서 눈앞에 있는 사랑스러운 아이들(!)을 다 데려가지 못하는 게 한이었지요. 어떨 때는 밤에 잠이 안 왔습니다.

'아, 지금쯤 그곳엔 빈병이 많을 텐데….'

길을 걸을 때도 허투루 지나다니지 않았어요. 바닥에 돈이 떨어져 있을지도 모르니까요. 그렇게 해서 주운 동전들은 하늘이 주신 용돈이라며 용돈 통장에 넣었답니다. 빈병을 주워서 판 돈은 (노력해서 벌었으니까) 수입 통장에 넣고요.

학생이 돈을 버는 세상의 모든 방법

빈병을 너무 열심히 주우러 다니다 쏟아지는 소나기를 피하지 못해 몸살이 크게 난 적이 있습니다. 입금할 생각에 그동안은 마냥 신나기만 했는데 몸이 아프니 내가 왜 이래야 되나 왈칵 서럽더 군요. 울면서 엄마에게 물었습니다.

"다른 친구들은 다 용돈을 받는데, 왜 난 용돈 안 줘요?"

엄마의 대답은 정말 묵직했습니다. 그날 들은 말이 지금까지도 제 삶을 지배하고 있어요. 정확하게 기억은 안 나지만 이런 내용 이었습니다.

"딸아, 너는 부모 잘 만나서 따뜻한 집에서 깨끗한 옷 입고 양 껏 밥 먹고 사는 거란다. 네 주위에도 분명 엄마 아빠 없이 할아버 지나 할머니와 사는 힘든 친구들이 있어. 그러니 주어진 것에 감사하고 주위를 둘러보며 살아야 한단다. 우리 딸은 이렇게 아프면 엄마가 죽 쑤어주고 약 사다 주고 이마에 물수건도 올려주지 않니? 그렇게 해줄 부모가 없는 친구들도 있단다."

엄마의 말을 듣고 전 충격을 받았습니다. 내가 누리는 것들이 당연한 줄 알았고 그래서 고마운 줄 몰랐는데, 그렇지 않다는 걸 처음 알았으니까요.

봉사를 통해 배운 세상

그날 이후 주변을 둘러보기 시작했어요. 그런데 정말 있는 거예요. 늘 혼자 앉아 있고 잘 웃지 않고 선생님께 교사용 참고서를 받아오는 친구가 눈에 들어왔습니다. 그래서 봉사활동을 시작했어요.

어르신 댁을 찾아가서 말벗을 해드리고 노래도 불러드리고 엉덩이를 흔들며 춤도 추었지요. 봉사 선생님에게 안마를 배워 안마도 해드렸어요. 중학생 땐 그 정도가 고작이다가, 고등학생이 돼서는 더 다양한 일을 했습니다.

벽지마을 봉사, 장애아동 봉사, 복지관 봉사(행사 진행, 쓰레기 줍기, 할머니 펌 보조, 목욕 봉사, 김장 봉사, 연탄 봉사), 군인에게 위문편지 쓰기, 교도소 재소자와 펜팔하기, 입지 않는 옷 기부하기 등등 할 수 있는 모든 일을 했어요.

봉사활동을 꾸준히 하다 보니 많은 어른들을 만나게 되었죠. 그분들과 참 많은 대화를 나누었는데 그 시간이 저에게 제일 소중했어요. 봉사활동 중 만난 아주머니의 권유로 스물한 살 때 청약통장에 가입했는데, 집에 와서 그 이야기를 했더니 부모님은 청약통장이 뭔지 모르시더라고요. 이렇게 부모님뿐 아니라 많은 주변 어른들의 관심으로 무럭무럭 자랄 수 있었어요.

봉사활동을 하다 보면 가끔씩 수입이 생기기도 했습니다. 교회에서 하는 판매 행사를 돕고, 장애가 있는 분들에게 컴퓨터를 가르쳐드리고, 여름이면 집 근처 해수욕장에서 장사하는 분들을 도와드리고 조금씩 돈을 받았답니다.

나는 아르바이트왕

고등학생 때는 좀 더 많은 아르바이트를 했어요. 커피숍 아르바이트나 전단지 배포 아르바이트뿐 아니라, 겨울에는 찹쌀떡도 팔았답니다. 제가 일자리를 알아보기도 했지만 봉사활동을 하면서 알게 된 분들이 먼저 연락을 주실 때도 많았어요. 봉사를 통해 알게 된 인맥으로 번 돈은 10퍼센트를 기부했어요. 금액은 많지 않았지만 주변을 둘러보며 살라는 엄마의 말씀을 실천하고 싶었답니다.

어려서부터 손을 쉬지 않는 엄마를 보며 자라 저도 틈만 나면

일을 했습니다. 엄마가 집에서 하는 마늘 까기, 밤 까기, 봉투 붙이기 같은 부업도 같이 했어요. 밤을 새서라도 날짜를 맞추기 위해 노력하면서 책임감도 길러진 듯해요.

아빠가 경상도 분이라 주부는 집에서 살림만 하면 된다는 뜻이 완고하셔서 직장생활을 하지 못한 엄마는 집에서 할 수 있는 모든 일을 하셨어요. 일주일에 한 번 저희 가족이 사는 아파트 계단 신주(미끄럼 방지 부분) 청소를 하셨는데 그 일도 제가 했답니다. 사람들 지나가는데 부끄럽고 민망하지 않았냐고요? 이미 전 동네에서 유명한 상태라 "수고하네" 하고 지나가는 어른들 덕에 더욱 더 파이팅 넘치게 청소했지요.

집 가까이에 골프장이 있었는데 인근 언덕에서 골프공을 주워 골프장에 가져다주는 일도 했답니다. 이틀에 한 번씩, 봉투에 담은 그대로 골프공을 반납했는데 지저분한 공이다 보니 몇 개인지 세는 데 불편했어요. 손도 더러워지고요. 이대로는 서로 기분이 안 좋겠다 싶어서 공을 물로 몇 번 헹궈내고 말려서 들고 갔지요. 그랬더니 돈을 배로 더 주시더라고요. 참 좋은 아르바이트였어요.

부모님께 물려받은 절약 유전자

짐작하시다시피 저희 부모님은 절약정신이 투철한 분들이세요.

몽당연필을 볼펜 깍지에 끼워 쓰다가 그조차 불가능해지면 그때서야 새 연필로 바꿔주실 정도였지요. 용돈은 여전히 주시기 않았고 대신 필요한 것을 말하면 사다 주셨어요.

엄마가 문제집이나 참고서를 사다 주시면 책 표지를 싸고 최대한 깨끗하게 써서 친구들에게 반값에 팔았답니다. 공책에 필사를 해서 책은 새것이나 마찬가지였어요. 친구들은 책 산다고 받아온 돈의 절반으로 구입할 수 있으니 좋고 저는 돈을 벌어 통장에 넣을 수 있으니 좋고, 그야말로 누이 좋고 매부 좋고 아니겠어요.

학용품도 거의 돈을 주고 사본 적이 없답니다. 학용품을 한꺼번에 사면 문구점 사장님은 지우개나 메모장 같은 것을 덤으로 하나씩 주셨는데 친구들은 그렇게 받은 것들을 허투루 쓰더라고요. 덤으로 준다는데도 받지 않는 아이들도 있고요. 전 그게 너무 아까웠어요. 그래서 친구들이 문구점에 갈 때마다 같이 가서 덤을 받아오곤 했답니다. 공책이 필요한데 메모장을 주시면 "공책이 더 싼데 공책으로 주세요" 하고 받아오기도 했지요.

충격적인 월급이지만 괜찮아

부모님은 고등학교까지만 학비를 지원해 주시겠다고 일찍부터 선언하셨어요. 그래서 저는 상업고등학교에 진학했답니다.

고등학교에 들어가서는 이런저런 자격증 공부를 했어요. 부모님이 책은 사주셨지만 원서비는 1회만 내주셨어요. 두 번째부터는 원서비도 제가 부담해야 했고, 자격증 취득을 못하면 책 구입비와 원서비도 돌려드리는 조건이었지요. 학원요? 생각도 못했어요. 그래서 자격증을 따기 위해 치열하게 공부할 수밖에 없었어요.

연필 한 자루도 아껴 쓰는 것이 몸에 밴 저였지만 책은 너덜너덜해질 때까지 봤고, 학원을 다니지 않으니 궁금한 것은 다 학교 선생님들께 물어보고 해결했어요.

나의 첫 월급, 그리고 경제적 독립의 시작

덕분에 고등학교 3학년 1학기에 학교에서 가장 먼저 취업이 되어 사회인으로서 첫발을 내딛게 되었습니다. 거의 20년 전 일이지만 첫 월급을 받던 그날을 잊을 수가 없답니다.

흔들면 짤랑짤랑 소리를 내던 동전까지 들어 있던 월급봉투. 몇 번이나 열어보고 세어보고 다시 담고 또 꺼내서 세어보았는지. 월급봉투에 적힌 숫자와 안에 들어 있는 지폐와 동전을 몇 번이나 맞춰보았죠.

그런데 예상보다 적은 금액이라 실망이 이만저만이 아니었답니

월분 급여명세서		
부서	성명	귀하
본 봉		(일)
시간외수당		(시간)
업 무 수 당		
당 직 수 당		
특 근 수 당		(시간)
개 근 수 당		
상 여 금		
연장근로수당		
야 간 수 당		
지급총액 ▼		
갑 근 세		
주 민 세		
국 민 저 축		
의료보험료		
청 조 금		
가 불 금		
재 형 저 축		
국 민 연 금		
고용보험료		
공제총액 ▼		
수 령 액 ▼		

열아홉 살에 사회에 나가 첫 월급을 받았던 월급 봉투.

다. 야근에 주말 출근까지 했는데도 제 손에 들어온 돈은 54만 원 남짓. 식대가 포함된 금액이라 더 충격이었죠. 부모님 내복과 선생님들께 드릴 선물, 언니 선물을 사고 나니 겨우 휴대전화 요금 낼 정도의 돈만 남더라고요.

이대로는 안 되겠다 싶었습니다. 회사를 다니면서 생활 패턴이 달라지다 보니 지출 계획을 세우고 싶어도 어떻게 해야 할지 모르겠더군요. 이때 태어나서 처음으로 물 흐르는 대로 살아보기로 합니다.

6월에 받은 첫 월급은 그렇게 물 흘려보내듯 쓰고 7월과 8월에 받은 월급도 그냥 썼습니다. 단, 지출 내역은 기록하면서요. 지출은 크게 식비, 교통비, 휴대전화 요금, 취미생활비(책, 십자수), 미용비(곱슬머리라서 정기적인 스트레이트 펌)로 가닥이 잡히더라고요.

그렇게 지출을 파악하고 나니 어떤 부분을 줄여야 할지가 보였습니다.

1. **식비: 엄마에게 식재료 값 드리고 집 반찬으로 도시락 싸기**

2. **교통비: 자전거로 출퇴근하기**

   자전거는 옆집 중학생이 큰 자전거로 바꾸면서 방치해둔 자전거를 받아서 아빠가 수리해주셨어요. 그 자전거를 타고 출퇴근했습니다. 비가 살짝 오면 그냥 맞고 장마철엔 걸어 다녔죠.

3. **휴대전화 요금: 정기적으로 일시 정지 …→ 해제로 기본 요금 줄이기**

   예전 사회초년생 때는 휴대폰 요금도 제 월급엔 적지 않게 부담이었어요. 그래서 저는 수/발신일시정지 기능을 이용해서 (상황에 맞게 조절해가며) 오는 전화를 받고, 발신은 문자나 메일을 이용하면서 기본 요금을 정지한 기간만큼 할인받았어요.

4. **취미생활: 책은 도서관에서 빌려보고, 아르바이트로 십자수**

   십자수를 즐겨 해서 아르바이트 건을 찾아서 했는데 취미생활도 하고 용돈도 벌 수 있었습니다.

5. **미용: 스트레이트 파마 약 사서 직접 하기**

   실패하면 올백으로 넘겨서 '똥머리'를 하고 다녔어요.

6. **외식: 한 달에 한 번만 하기**

이렇게 어떻게 사냐고요? 전 돈 모으는 재미로 즐겁게 살았어요. 통장에 찍히는 그 숫자들이 얼마나 사랑스러운데요.

상여금에 대처하는 직장인의 자세

지출 계획을 세운 뒤에는 통장 나누기를 했습니다.

월급은 다섯 개의 바구니에

1. 월급 통장

회사에서 월급을 받으면 10원 단위까지 그대로 입금하는 통장입니다. 월말에 월급 통장으로 들어온 돈은 매월 1일에 다른 통장들로 송금해요. 기본적으로 월급 통장에는 자동이체를 걸어두지 않습니다.

2. 생활비 통장

월급의 50퍼센트를 입금하고 이 안에서만 생활비를 씁니다. 휴대전화 요금 등은 이 통장에서 자동이체를 합니다. 매월 말일에 생활비를 쓰고 남은 돈은 고스란히 비상금 통장으로 송금합니다. 스스로에게 "아껴 쓰느라 수고했다"고 말해주고 잔액은 기억 속에서 지웁니다.

3. 적금용 이체 통장

세 개의 적금통장(3년 만기, 2년 만기, 1년 만기)으로 매월 돈이 자동이체 되는 통장입니다.

4. 이자 수익 통장

각 통장과 적금의 이자 수익을 넣어두는 통장입니다.

5. 비상금 통장

월 생활비를 쓰고 남은 금액을 모으는 통장입니다. 인터넷 뱅킹에서 조회가 되지 않게 만들어 견물생심을 방지합니다.

상여금 지키려면 '불편한' 통장을 만드세요

직장생활을 하다 보면 크게는 아니더라도 점점 수령액이 늘어나고 간혹 상여금을 받기도 하죠. 동료들이 이번에 상여금을 받으면 무얼 살까, 휴가비를 받으면 어디로 놀러 갈까 생각할 때 저는 '이번엔 어느 은행에 멍텅구리 통장(인터넷 뱅킹에서 잔액 조회를 할 수 없는 보안계좌)을 만들까?' 생각했습니다.

고정 수입이 아닌 금액, 급여 인상분이나 특별 상여금이 들어오면 '난 받지 않았다. 내가 모르는 돈이다' 하고 주문을 외웠어요. 그리고 예전에 살던 그대로 그냥 살아가는 겁니다.

일명 '멍텅구리 통장'은 인터넷으로는 조회가 안 돼 수고롭게

ARS로 잔액 조회를 하거나 ATM에서 통장 정리를 해야 확인을
할 수 있죠. 그런 통장들이 모이면 급할 때 정말 유용하게 쓸 수
있어요. 회사가 부도가 나 몇 달간 급여를 못 받았던 적이 있는데
이 통장들 덕분에 힘들지만 버틸 수 있었답니다.

작년에 집을 구매할 때도 돈이 모자라 끙끙거리다가 잊고 있던
멍텅구리 통장 네 개의 존재가 떠올라 여유 있게 대처할 수 있었
습니다. 견물생심이라고, 열심히 모아도 잔액이 여유 있는 통장을
자꾸 보다 보면 그 돈으로 어딘가 훌쩍 떠나고 싶고 나에게 선물
을 해주고 싶은 충동이 생기게 마련이죠. 그래서 아예 안 보이게
해두었는데 톡톡히 덕을 봤습니다.

신용등급도 높이고, 돈도 아끼고

신용카드는 돈을 모으는 데 걸림돌이 되는 경우가 많아요. 그래서
짠돌이의 삶을 실천하는 분들 가운데는 카드를 아예 사용하지 않
는 분들도 많죠. 하지만 전 카드를 열심히 쓰는 편입니다. 단, 현명
하게 쓰는 것이 중요해요.

없으면 손해인 카드 세 가지

1. 경차유류전용카드

가급적 연회비 없는 카드를 발급받으세요. 만약 집에 경차 한 대만 있다면 경차유류전용카드를 발급받을 수 있습니다. 유류세를 환급받을 수 있는 유류 전용 카드로 연회비가 없습니다. 잘 모르는 분들이 많은데, 유류전용카드도 일반 신용카드처럼 타 가맹점에서 사용이 가능합니다.

2. 내일배움카드

구직자, 재직자, 자영업자라면 내일배움카드를 발급받을 수 있습니다. 발급 조건은 조금씩 바뀌기 때문에 고용노동부(HRD-NET)에 문의해 발급 가능 여부를 확인해보세요. 이 카드를 발급받으면 재직 중에는 최대 5년, 300만 원까지 원하는 교육을 수강하실 수 있습니다. 저는 3년 전에는 발급 대상이었지만 현재는 아니라서 교육을 받을 수는 없지만, 카드 유효 기간까지 연회비 없이 사용할 수 있어서 지금도 잘 쓰고 있습니다.

3. 국내용 카드

연회비 없는 카드를 발급받을 상황이 되지 않는다면 연회비 최소액의 카드를 발급받습니다. 보통 국내용 카드가 연회비가 적으니 발급받을 때 국내용으로 설정하세요. 해외에 나갈 일이 생기면 그때 국내외용으로 갱신하면 연회비를 아낄 수 있습니다.

짠테크도 하고 신용도 지키는 카드생활

1. 연체 예방을 위해 직불카드처럼 쓰기

카카오뱅크 외에도 토스, 페이코, 뱅크샐러드 같은 온라인 금융앱에서 간단하게 자신의 신용등급과 점수를 확인할 수 있다.

신용카드, 넋 놓고 쓰다 보면 거지꼴을 못 면합니다. 그러니 직불카드를 사용하는 것처럼 그날 사용한 금액은 결제 통장으로 송금하세요. 귀찮더라도 이렇게 하면 절대 과하게 사용할 수가 없습니다.

카드 대금 연체 이력이 없으면 신용등급이 올라갑니다. 실제로 최근 카카오뱅크에서 무료로 제공하는 '내 신용정보 조회'를 했더니 1등급에 만점인 1,000점이 나오더군요.★

★ 신용등급 올리는 쉬운 방법 ★

● 공공 요금 성실납부하면 최대 17점 UP!
이동통신 요금 납부 내역이나 건강보험, 국민연금, 도시가스 요금, 전기 요금 등의 공공 요금을 6개월 이상 연체하지 않고 성실납부한 내역을 신용평가사에 등록하면 신용점수 가산점을 5점에서 최대 17점까지 받을 수 있다.
통신사와 국민연금공단에서 납부 영수증을 발급받고 개인신용평가회사인 나이스평가정보(NICE)나 코리아크레딧뷰로(KCB)에 제출하면 평가 시 신용등급에 반영된다.

2. 해지 요청으로 연회비 환급 받기

카드를 발급받은 후 사용하지 않을 경우 해지 요청을 하면 월할 계산된 연회비를 환급받으실 수 있습니다. 연회비가 없는 카드로 해지 반려를 해주는 경우도 많습니다.

작년에 집을 구입하면서 주택담보대출을 위해 K사 카드를 발급받았는데요. 최근 해지 요청을 했더니 연회비 없는 카드로 재발급해줄 테니 보유하고 있다 급할 때 쓰라고 하더군요. 그렇게 연회비 없는 카드로 재발급을 받았습니다.

살기 좋은 집, 돈 되는 집

부모님은 저에게 자립과 절약의 유전자를 물려주셨어요. 그런데 청출어람이라고 절약에 관한 한 저는 엄마 아빠를 넘어선 지 오래랍니다. 그래서 스물세 살에 독립을 하면서 오히려 돈이 더 잘 모였어요.

부모님과 함께 살 때도 직장생활을 시작하면서 일정액의 생활비를 드리고 살았기 때문에 독립해도 쪼들리지 않고 살 자신이 있었어요. 혼자 사는 것에 대한 두려움도 없지 않았으나, 어릴 때부터 자립심을 훈련시킨 부모님 덕분에 이겨낼 수 있다는 용기를 낼 수 있었습니다.

지방도시의 특성상 고졸의 사무직 여직원이 선택할 수 있는 미래가 제한적인 것도 이유였지만 더 높은 곳을 꿈꿀 수 있는, 더 넓은 곳으로 가고자 하는 마음이 제겐 훨씬 컸기에 열심히 돈을 모았던 것 같아요.

이사 비용까지 야무지게 챙긴 재개발 지역 집

지금부터는 스물세 살에 독립해서 서울, 인천, 대구, 마산 등지로 이사를 다니는 동안 터득한 집 구하기 노하우를 소개합니다.

처음 포항에 집을 구할 때는 알아보는 게 조금은 수월했습니다. 기본적으로 제가 살고자 하는 동네의 특징에 대해 알고 있으니 생활정보지에 나온 매물을 보고 찾아다니면서 확신이 드는 곳을 계약하면 되었으니까요.

두 번째 집은 직장 때문에 서울에서 구했는데, 3주 동안 주말이면 1박 2일씩 서울에 머무르며 생활정보지에 나온 매물들을 가능한 한 많이 보러 다녔습니다. 조언을 구할 지인도 없었기 때문에 열심히 발품을 파는 수밖에 없었죠.

그러다가 마음에 드는 한 곳을 발견합니다. 그래서 계약을 하려고 집주인이 운영하는 치킨집을 방문했는데, 또 다른 분과 계약서를 작성하고 계시더군요.

"우리가 재개발 예정이에요. 4~5년 전부터 있었던 얘기라 사실 언제 될지는 알 수 없어요. 당장 다음 달이 될지, 10년 후가 될지. 만약 재개발이 시작되면 계약 기간 이전이라도 집을 비워줘야 해요."

"네."

집주인의 이야기를 듣고 있자니 궁금증이 밀려왔습니다. 재개발이라는 집주인의 사정으로 퇴거를 하는데 이사 비용도 세입자가 부담해야 하나? 그렇게 제 차례가 되었습니다.

"재개발로 제가 원치 않을 때 퇴거하게 되면 전세보증금을 바로 돌려주시는 건가요?"

"네, 그럼요."

"이사 비용은요? 집주인 사정인데 제가 부담해야 하나요?"

"이사는 저희가 업체 불러서 해드릴게요."

나중에 안 사실이만 재개발지역 주택소유자는 재개발 사업인가, 사업계획 시 책정되는 이주비를 받는다더군요. 즉, 임차기간 중 재개발로 인한 퇴거 시 이사비용 혹은 이사서비스를 요구할 수 있는 것이죠. 이주비를 주지 않으려 계약 시 설명하지 않고, 물어보면 아직 먼 이야기라며 말돌려버리는 임대인이 많습니다. 전 제 임차기간 중엔 일어나지도 않을 일이라며, 걱정 말라는 임대인의 말을 무시하고 기간 내 퇴거 시 임대인이 이사 비용을 부담한다는 내용을 계약서 특약사항에 기재했어요. 그리고 먼 미래의 일일 것이라 여겼던 재개발이 6개월 후 시작되어 이사를 했죠. 그 건물 세입자 아홉 명 가운데 이사 비용을 받은 건 저 한 명뿐이었습니다.★

★ **[공익사업을 위한 토지 등의 취득 및 보상에 관한 법률] 토지보상법** ★

제78조(이주대책의 수립 등)
⑤ 주거용 건물의 거주자에 대하여는 주거 이전에 필요한 비용과 가재도구 등 동산의 운반에 필요한 비용을 산정하여 보상하여야 한다.

(출처: 국가법령정보센터 홈페이지 www.law.go.kr)

식비를 아껴준 알짜 매물

그 후로 여러 곳에서 살았지만 제일 좋았던 집은 영등포구의 한 오피스텔이었어요. 유명한 부동산 직거래 카페에서 알게 된 집인데 참 이상했습니다. 일단 취사 시설이 없었고 가스, 수도, 인터넷, TV, 청소, 평일 아침식사, 저녁식사를 포함한 관리비가 10만 원밖에 안 됐습니다. 전기 요금만 따로 내면 됐죠.

그 집은 9층 건물에 8층이었고, 창문을 열면 학교 운동장이 내다보였습니다. 볕도 잘 들고 환기도 잘 되고 막힘이 없어서 마음에 쏙 들었습니다. 반나절 동안 동네를 둘러보고 바로 계약했어요.

사정을 들어보니 남매 네 명이 함께 땅을 구매해 각자의 니즈에 맞게 건물을 하나씩 올렸는데 설계·승인 오류로 취사 시설 빠졌다더군요. 그래서 네 개 동 가운데 한 동의 1층에 식당을 마련하고 아침과 저녁을 제공하는 것이었습니다.

아침이면 1층에 내려가 밥을 먹고 출근했다가 퇴근하면 1층에서 저녁을 먹고 집으로 올라오고, 진짜 좋았어요. 저는 식비를 아끼기 위해 스물다섯 살 때부터 아침과 저녁 두 끼만 먹고 있답니다. 밖에서 사 먹는 음식은 비싸고, 조미료도 많이 들어 있기 때문에 먹고 나면 속이 불편해서 아침을 든든히 먹고 저녁을 먹는 패턴으로 살아왔어요. 그래서 저에겐 더할 나위 없는 집이었답니다.

부동산 중개소에서는 볼 수 없는 특이 매물이죠. 이런 매물은 자취하는 사람들이 자주 가는 부동산 커뮤니티에서 찾아볼 수 있어요.

남의 집으로 월세 받기

'룸메', '하메'를 아십니까?

서울에 처음 올라와 노량진에 살 때 길을 가다가 지나가는 학생들의 이야기를 우연히 들은 적이 있습니다.

"잠만 자는 방이 보증금 30만 원에 월 20만 원짜리가 나왔더라. 그래서 옮기려고. 지금 고시원은 너무 불편해."

"맞아. 옆방에서 숨 쉬는 소리까지 다 들려. 나도 다음 달에 룸메 들어가려고 알아보고 있어."

룸메, 하메. 들어는 보셨나요? 룸메이트(방 하나를 셰어), 하우스메이트(집을 셰어)의 준말이죠. 돈을 좇는 제가 그 이야기를 놓칠 리 없죠. 그래서 노량진에 6개월간 사는 동안 공시생 한 명을 룸메이트로 들여서 방을 함께 사용했어요. 보증금 30만 원에 월세 18만 원. 관리비와 공과금은 나눠 내고요. 방을 같이 쓰다 보니 생각보다 불편한 점이 많았지만, 저는 일찍 출근하고 늦게 퇴근하는데다 주말에는 야간 아르바이트를 했어요. 그 친구도 매일 일찍 나가서 늦게까지 공부하다 들어와 서로 배려하며 잘 살았습니다.

그 친구는 주변 시세보다 저렴하게 깨끗한 집에서 살 수 있었고(게다가 공부를 열심히 하는 그 친구를 위해 청소나 빨래도 제가 해주곤 했답니다), 저는 수입을 얻을 수 있었습니다.

타지생활하면서 집을 구하다 보면 제약이 많습니다. 매물도 한정적이죠. 나는 혼자인데 방 하나짜리가 아니라 두 개짜리가 더 좋은 조건으로 나올 때도 있죠. 그래서 전 그럴 때마다 예산보다 더 주고 임차해, 방 하나를 재임대했어요.

집 사지 않고도 수익 얻는 셰어 하우스

방 세 개짜리 집을 얻은 적도 있답니다. 회사가 걸어서 10분 거리였고, 집 바로 앞의 버스정류장에서 마을버스를 타면 두 정거장 거리에 지하철역이 있었거든요. 입지가 무척 좋아서 예산보다 전세 보증금이 비쌌지만 계약을 했어요.

방 두 개는 재임대를 했고요. 그런데 두 사람 중 한 명이 전입신고가 필요해 하우스메이트 계약서를 들고 주민센터에 갔습니다. 집주인의 동의가 있어야 한다는 소리에 주인께 연락을 드렸죠. 그랬더니 먼저 상의를 하지 않았다고 언짢아하시며 전세보증금을 500만 원 올려달라고 하시더라고요. 제 입장에서는 한 명이 사나 세 명이 사나 똑같은데 왜 더 달라고 하는지 의아했어요. 하지만 상도덕이 아니라는 부동산 중개소 사장님 말씀에 가출했던 개념이 돌아왔습니다.

'아, 내가 남의 자산으로 장사하려고 했구나.'

그렇게 전세금 500만 원을 올리고 계약서 특약사항에 "계약자 직접 거주, 관리 조건으로 전대차를 허용함"을 넣었습니다. 그 계약서와 하우스메이트 계약서를 함께 가져가서 전입신고에도 성공했습니다. 남의 집으로 월세를 받는 것도 훌륭한 수입원이 될 수 있답니다. 건물주만 월세 받으라는 법 있나요. 물론 임대인의 동의를 얻어야 하고 계약서에도 특약사항으로 기재하시길 바라요. 쌍방이 합의하지 않은 전대차는 불법이며, 적발 시 강제퇴거 요인이 될 수도 있습니다.★

요즘 셰어 하우스 창업을 준비하는 분들이 많은데 전대차 동의만 받는다면 꼭 집을 사지 않아도 할 수 있답니다.

돈의 맛에 눈을 뜨고 절약과 저축을 해온 역사가 벌써 30년이네요. 덕분에 서른일곱 살에 큰 대출 없이 내 집을 마련할 수 있었습니다. 벌써 부자가 된 느낌입니다.

★ **전대차**(Untermiete, 轉貸借) ★

임차인이 자신의 임차물을 제3자에게 임대하는 계약이다. 법적으로 임대인의 동의가 있는 경우에만 전대차를 허용하며(민법 제629조 1항), 임차인이 임대인의 동의 없이 임차물을 전대한 경우에는 임대인이 임대차계약을 해지할 수 있다.

나도 슈퍼짠이 될 수 있을까?

나는 슈퍼짠이 될 가능성이 얼마나 있을까? 해당되는 항목에 체크해보자.

- [ ] 물건을 살 때 몇 번이고 고민한다.
- [ ] 영수증을 보관한다.
- [ ] 가계부를 작성한다.
- [ ] 내 수입을 정확히 알고 있다.
- [ ] 집 안에 불필요한 물건들이 쌓여 있지 않다.
- [ ] 매달 저축한다.
- [ ] 비과세 여부, 금리 등 저축 상품에 대해 잘 안다.
- [ ] 연예 기사보다 경제 기사에 관심이 있다.
- [ ] 외식을 하기보다 집에서 만들어 먹는 것을 좋아한다.
- [ ] 불필요한 모임에는 가지 않는다.
- [ ] 냉장고에 음식이 많지 않다.
- [ ] 특가 세일이나 1+1 판매에 현혹되지 않는다.
- [ ] 인터넷 쇼핑을 하는 것보다 재래시장에서 장을 보기 좋아한다.
- [ ] 중고 제품을 사용하는 것에 거리낌이 없다.
- [ ] 예산 안에서만 돈을 쓴다.
- [ ] 꼭 필요할 때만 편의점에 간다.
- [ ] 부지런하다.
- [ ] 모으고 싶은 분명한 목표 금액이 있다.

- **0~5개 :** 아직은 '푼돈은 모아봤자 푼돈이지'라며 흘려보내는 당신! 내가 번 돈 내 맘대로 쓰는 건 후회되지 않지만, 큰돈을 쓰는 것도 아닌데 매달 남는 게 없어서 허무하기도 하다. 이제부터라도 푼돈부터 계획적으로 쓰고 모으는 방법을 하나하나 익혀보자.

- **6~10개 :** 남들 하는 만큼은 저축하고 있는 단계. 하지만 노후와 커가는 아이들을 생각하면 자산을 더 불려야 할 필요성을 확실히 느끼고 있다. 정해진 수입 이상의 수익을 만들려면 어떻게 해야 하는지 알아보자.

- **11~15개 :** 당신은 슈퍼짠이 될 가능성 80% 이상! 아침부터 잠들 때까지 매일매일 아끼는 데서 즐거움을 찾는다. 아직 몰랐던 새로운 꿀팁을 찾아 지금처럼 재테크 공부를 꾸준히 해보자.

- **16개 이상 :** 당신은 이미 슈퍼짠! 1일1짠 생활의 모범생으로 임명합니다~!

지구를 사랑한다면 아껴 쓰세요

모태짠돌이(김지수)
슈퍼짠 13년차

미니멀리즘으로 절약과 함께 나눔을 실천하는
착한 절약 전도사

내 아이를 위해 지구를 지켜라!

결혼하기 전에는 환경 문제가 그리 심각하게 와 닿지 않았습니다. 하지만 아이들을 낳아 키우다 보니 환경에 대해 깊이 생각하게 되더군요. 지구가 건강해야 우리 아이들도 건강할 수 있고, 가난에 시달리는 사람들이 줄어야 보다 평화로운 세상이 될 수 있겠죠. 그래서 언젠가부터 조금이라도 지구를 지키는 데 도움이 되는 방식으로 생활하려 하고, 어려운 사람들을 도와주려 노력하고 있습니다.

물려 입기는 기본, 제3국에 기부도 해요

청바지 하나 만드는 데 7,000리터 이상의 물이 소모된다고 합니다. 오염 물질을 다량 포함하고 있는 그 물이 어디로 갈까요? 결국 우리에게 되돌아옵니다. 비단 청바지뿐일까요? 함부로 옷을 사지 않는 것은 돈을 아끼는 일이면서 환경을 지키는 일이기도 합니다.

그래서 저는 아이들 옷은 물려 입히고, 수선해 입히고, 또 물려 주고, 작아서 못 입게 된 옷들은 제3국 아이들에게 기부합니다. 옷캔(otcan.org)에 약간의 기부금과 함께 신청을 하면 택배 픽업이 오니 상자에 담아두기만 하면 됩니다.

버려야 할 수준의 옷가지는 잘라서 청소하는 데 씁니다. 구멍 난 양말은 막대 걸레에 끼워 닦고 버리고, 구멍 난 스타킹은 적당한 크기로 잘라 빨래비누 조각을 넣어 사용합니다. 한번 만들어진 옷인데 끝까지 써야죠.

육아템은 중고 구매와 나눔으로 얼마든지 마련해요

옷 외에 다른 물건들도 새것을 구입하는 경우가 거의 없습니다. 요즘 육아는 '아이템발'이라는 말이 있을 정도인데요. 아기를 안거나 업을 때 쓰는 제품만 해도 슬링, 아기띠, 힙시트, 포대기, 포옹끈, 캐리어 등이 있죠. 이런 제품들이 육아를 훨씬 덜 힘들게 만들어줍니다. 저도 아이를 낳고 손목과 팔이 많이 아프더라고요. 내려놓기만 하면 우는 바람에 아이를 계속 안고 있어야 했거든요.

아픈 팔을 부여잡고 울면서 지역 맘카페에 글을 남기니 어떤 분이 슬링을 싸게 팔겠다고 댓글을 남겼더라고요. 글 올린 지 30분만이었어요. 남편을 보내 15,000원에 사와서 몇 달 동안 아주 잘 쓰고 13,000원에 다시 판매했답니다. 2,000원에 두 손과 두 팔의 건강을 찾았어요.

범보의자나 바운서 같은 물품도 무료로 나눠주시는 분들에게 얻어 쓰고 다시 나누었습니다. 나눔으로 물건을 받을 때는 감사한 마음을 간식으로 표현했어요. 참고로, 중고 거래는 직접 만나서 하는 게 좋더라고요. 이렇게 물건을 물려받고 나눠받아 사용하면 절약도 되고 환경에도 도움이 되니 일석이조입니다.

돈 안 들이고 아이 키우는 법

임신하면 그 순간부터 각종 광고와 홍보 이벤트의 타깃이 되는데요. 이를 적절히 활용하면 필요한 물품을 무료로 얻을 수 있어요.

출석체크로 육아용품 선물 받기

저는 산부인과에 비치돼 있던 잡지를 보고 잡지사 사이트에 가입해서 매일 출석 체크를 했습니다. 6개월 동안 그렇게 하면 20만 원 상당의 선물을 준다는데 안 할 이유가 없었죠. 추첨 방식이 아니라서 조금만 부지런하면 성공은 확실했어요. 그렇게 해서 3단 변신 씽씽카, 영유아용 화장품 세트, 장난감 등을 받았습니다.

이후에도 포인트를 쌓아 영양제나 선크림 등을 받았네요. 창립기념 이벤트에 응모해 사진촬영권도 받았고, 제 기사도 실렸었어요. 기사료로 20만 원 상당의 가습기와 이런저런 육아용품도 받았고요.

잡지사 사이트에 출석하면서 다른 사이트에도 100일 동안 출석해 포토북 상품권을 받기도 했답니다. 덕분에 해마다 포토북 한두 권에 가족의 추억을 담아둘 수 있게 되었습니다.

찾아보면 임신·출산 관련 이벤트가 참 많아요. 그 가운데 노력 대비 성과가 좋은 것을 선택해 도전해보세요. 생각보다 많은 돈을 아낄 수 있습니다.

기저귀도 재활용할 수 있어요

젖병을 닦는 솔은 금세 망가지니 반영구적으로 사용할 수 있는 실리콘 제품이 좋습니다. 젖병 꼭지도 단계별로 사지 않고 바늘로 구멍을 뚫어서 단계를 높이면 됩니다.

보통 튀김 기름 버릴 때 하수구에 흘려보내지 않고 기저귀 젖지 않은 부분으로 흡수시키면 환경오염을 덜 수 있는데, 저는 기

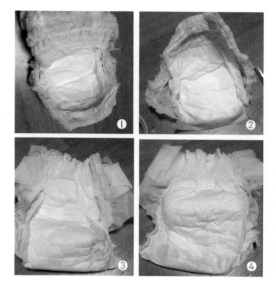

앞쪽만 젖은 기저귀를 반으로 잘라(1), 젖지 않은 쪽의 잘려진 부분을 솜과 흡수제가 새어나오지 않도록 종이테이프로 막고(2), 테이프의 까끌거리는 면을 살과 맞닿지 않는 방향으로(3) 다시 접어서 붙이면 덧댐 기저귀 완료.

름도 끝까지 쓰기 때문에 조금 다르게 기저귀를 재활용합니다.

　남아들은 소변을 보면 앞쪽만 젖고 뒷부분은 보송보송해요. 새 기저귀를 채울 때 이 뒷부분을 살짝 포개서 채우면, 나중에 젖었을 때 앞에 덧댄 이 부분만 쏙 빼서 버릴 수 있어요. 밖에서 기저귀 갈기 힘든 경우가 많아 외출할 때 유용해요(위생이 걱정되면 패스하셔도 좋습니다. 저희 아들 둘은 건강히 잘 자라고 있지만요).

장난감은 1년에 딱 세 번만 사줘요

아이들 장난감도 많이 사주지 않는 것이 좋아요. 저는 생일, 어린이

날, 크리스마스, 이렇게 1년에 세 번만 사줍니다. 용도가 정해져 있는 놀잇감보다는 블럭이나 찰흙처럼 용도가 개방적인 게 창의력 발달에 좋다는 연구 결과도 있으니까요.

아이들은 광고를 참 좋아하죠. 광고에 나오는 장난감은 전부 사고 싶어 하고요. 견물생심이라고, 이럴 때는 안 보는 게 최선이죠. 그래서 케이블 TV를 없애고 공중파 방송만 보는데 주로 EBS를 시청합니다. 교육적이고 유익한 프로그램이 많아서 좋더라고요.

케이블 TV를 해지하니 아이들이 광고에 노출되는 시간이 확실히 줄었어요. 홈쇼핑도 안 보여 속이 시원하고요. 혹시 TV가 없는데도 전기 요금과 함께 자동으로 청구되는 월 2,500원의 TV 수신료를 내고 있다면, 한전에 전화해서(고객센터 123) 해지하세요.

도서관은 사랑입니다

책값도 아이들 키우는 데 만만치 않게 드는 비용인데, 저는 거의 도서관에서 빌려 읽습니다. 도서관을 이용하면, 책값이 굳을 뿐 아니라 보관할 장소도 필요 없어 집을 훨씬 넓게 사용할 수 있죠. 수많은 책이 있는 도서관을 서재로 이용하는 셈입니다.

요즘 도서관은 시설이 참 좋습니다. 쾌적하고 편안해요. 유아

방이 따로 있어서 신발 벗고 들어가 앉은뱅이책상에 앉아 책을 볼 수도 있죠. 첫돌 되기 전부터 데리고 다녀서인지 두 아들 모두 도서관을 익숙하게 이용합니다.

도서관에서 책을 빌려보면 좋은 또 한 가지는, 반납일이 정해져 있어 빨리 읽게 되는 효과가 있다는 점입니다. 도서관 사이트에 들어가면 무슨 책을 읽었는지 목록 정리도 해주고, 읽고 싶은 책을 신청할 수도 있고, 여로 모로 고마운 기관입니다.

가족 외출 시 도시락은 필수

아이들을 키우다 보면 나들이도 많이 하게 되죠. 저는 무료이거나 싸게 이용할 수 있는 곳 위주로 다니는데요. 가령 서울시청 광장에서 행사가 있으면 가고, 삼일절 100주년이라 서대문형무소역사관에서 무료 입장 행사를 해서 다녀오기도 했습니다.

가끔 카드사 할인이나 지역 주민 할인으로 놀이공원도 가고, 63빌딩 수족관+전망대 할인권이 나오면 이용하고요.

나들이 필수품은 물, 간식, 도시락(샌드위치나 주먹밥)이에요. 이렇게 도시락 싸 들고 효창공원과 여의도공원을 자주 가는데요. 아이 자전거는 가져가고, 남편과 저는 서울자전거 '따릉이'를 타고 상쾌하게 달립니다. 인라인스케이트를 타기도 하고요. 그렇게 운동을 하고 나서 돗자리 펴고 앉아 먹는 도시락은 정말 꿀맛입니다.

여름엔 여의도 물빛광장에 그늘막을 쳐놓고 하루 종일 놀아요. 그러다 여의도 수영장에도 가는데 어른은 입장료 5,000원, 5세 이하 아이는 무료입니다. 다둥이 카드가 있으면 50퍼센트 할인도 해주고요.

서울시에서 운영하는 어린이대공원 상상나라도 저렴하게 잘 이용했어요. 연간 회원권이 3인 가족에 4만 원인데 36개월 미만은 무료라서 저희 4인 가족이 열 번 이상 가서 놀았습니다. 먹을 것을 팔지 않는 대신 음식을 먹을 수 있는 넓은 공간이 있어 도시락 싸들고 가면 좋습니다.

주위를 살펴보면 생각보다 큰돈을 들이지 않아도 아이와 즐길 거리가 많습니다. 육아용품도 잠깐 쓰고 마는 것이니 굳이 새것을 살 필요도 없고요. 아이들 어릴 때가 돈 모으기 제일 좋은 것 같아요.

이 세상에 아낄 수 없는 것은 없어요

제가 꿈꾸는 삶은 경제적인 여유가 있을 뿐 아니라 마음의 여유가 있는 삶입니다. 경제적 여유를 위해 열심히 절약하고 있고, 빠듯한 생활 속에서도 넉넉한 마음을 갖기 위해 작은 나눔을 실천하고 있습니다. 언젠가는 통 크게 기부할 날도 오겠지요. 그날을 위해 모든 것을 아끼고 있는데, 소개하자면 다음과 같습니다.

미용실, 7년 동안 7,000원 썼네요

동네 미용실은 시내와 달리 싼 곳이 많지요. 우리 동네에도 머리 자르는 데 어른은 7,000원, 아이는 5,000원이면 됩니다. 앞머리는 집에서 잘라주기 때문에 아이들이 미용실에 가는 횟수는 1년에 두세 번 정도입니다. 저는 7년 동안 한 번 갔고요.

소아암 환자를 위한 가발을 만드는 데 기부하려고 머리를 기르고 있거든요. 기부가 가능한 머리카락은 파마나 염색을 하지 않은 순수 모발로 25센티미터 이상이어야 합니다. 그래서 그냥 기르기만 하면 됩니다.

전에는 소아암협회와 가발업체인 하이모에서 함께 기부를 받았는데, 올해부터는 하이모에서만 기증받으니 참고하세요. 또 하나, 머리를 자르면 되도록 바로 보내세요. 보관 기간이 길어질수록 모발 상태가 나빠진다고 하네요.

머리 감는 물은 한 바가지면 충분해요

몇 년 전 물빛광장에 갔다가 어떤 조형물을 봤습니다. 아프리카 어린이가 손으로 물을 떠서 통에 담는 모습을 형상화한 것이었는데요. 아프리카뿐 아니라 한국도 물 부족 국가라고 알고 있습니다. 그날 아이와 이야기를 나누면서 물뿐 아니라 지구의 모든 자원을 아껴 쓰기로 약속했어요.

제가 물을 아끼는 방법은 여러 가지가 있어요. 우선 세면대에 작은 대야를 놓아 손과 얼굴을 씻은 물을 모으는데요. 변기 물을 내릴 때 사용합니다. 우리 가족은 소변을 보고 물 내리기 전에 '혹시 화장실 갈 사람?' 하고 물어봅니다. 두세 명이 사용한 다음에 물을 내리면 물 한 통을 아낄 수 있으니까요.

머리를 감을 때도 최소한의 물을 사용합니다. 바가지에 물을 3분의 2쯤 담고, 제 긴 머리카락을 담가 적십니다. 그런 다음 바가지를 머리에 대고 물을 흘리며 두피를 적셔주지요. 물론 아래에 대야가 있습니다. 대야에 모인 물로 다시 머리를 적십니다. 이렇게 하면 한 바가지도 안 되는 물로 머리를 적실 수 있어요.

샴푸를 한 뒤에는 머리카락을 꼭 짜서 헹구고 또 꼭 짜서 헹구기를 반복합니다. 빨래랑 같은 원리예요. 이렇게 사용한 물은 재사용 물통에 담아요. 거품이 있어도 됩니다. 오히려 변기 속이 더 깨끗해지겠구나 생각합니다.

이렇게 하고 난 뒤 새 물로 머리를 헹구면 적은 물로도 깨끗해집니다. 린스는 사용하지 않고 구연산을 씁니다.

다림질 필요 없는 옷만 삽니다

드라이클리닝 비용이 너무 비싸서 옷을 살 때는 손빨래가 가능하고 다림질이 필요 없는 것으로 고릅니다. 옷을 사기 전에 세탁 라벨을 확인하는 일은 필수죠. 다림질만 하지 않아도 시간과 전기를 많이 아낄 수 있습니다.

세제는 과탄산소다를 사용합니다. 일반 세제에 비해 가격이 훨씬 저렴할 뿐만 아니라 인체에 무해하고 깨끗하게 세탁이 되거든요. 섬유유연제로는 구연산을 사용하고 있고요.

에어컨은 사람 수에 맞춰 켜요

난방비를 아끼기 위해 집에 단열 처리를 했는데요. 단열재와 2.5센티미터 두께의 합판을 시공해 돈은 좀 들었습니다. 하지만 주택 꼭대기층이라 과감하게 투자했어요. 난방 텐트도 사용하는데요. 우리 부부가 쓰는 방과 아이들 방 모두 사용해요.

냉방비는 에어컨 있는 방에 모여 자는 것으로 절약해요. 열대야 모드로 3시간 예약해두면 덥지 않게 잘 수 있어요. 낮에는 사람 수와 실내 온도에 따라 에어컨을 사용합니다. 네 명이면 28도 이상일 때, 세 명이면 29도 이상일 때, 두 명이면 30도 이상일 때 에어컨을 틉니다. 31도가 넘으면 한 명만 있어도 가동하고요. 단, 손님 방문 시에는 무조건 에어컨을 켭니다. 손님 대접도 하고 덕분에 우리 식구들도 시원하니 여름 손님은 더 반가워요.

식재료 공수는 양가 찬스로!

우리 집은 식비가 많이 들지 않아요. 감사하게도 양가 부모님 덕을 많이 보고 있죠. 은퇴 후 귀농하신 친정 부모님께서 콩이며 옥수수, 깨, 고춧가루, 들기름, 참기름을 보내주십니다. 밭에서 뛰어노는 건강한 닭이 낳은 귀한 달걀도 주시고 상추며 깻잎, 파, 콩나물, 게다가 밑반찬까지 아낌없이 주십니다.

근처에 사는 시어머니께서는 음식을 하면 꼭 나눠주시는데 도가니탕, 추어탕, 장어탕에 도토리묵도 직접 쑤어주시고 전도 부쳐주십니다. 얼마 전엔 냉잇국을 끓여주셨는데 정말 맛있더라고요.

외식은 거의 하지 않습니다. 바깥 음식을 먹어도 포장해 와 집에서 먹습니다. 집에서 먹는 것이 편하기도 하고, 2인분만 포장해도 온 식구가 먹을 수 있으니 돈도 절약됩니다.

식재료를 살 때는 제철 재료로 싱싱한 것을 구입합니다. 재래시장이 가까워서 자주 이용하는데 시장에 가면 가격이 참 착해요. 바구니에 적당량씩 담아 1,000~2,000원에 파는 채소들을 애용합니다.

그렇게 식재료를 사면 먹을 수 있는 부분은 다 먹어요. 보통 줄기만 먹는 미나리나 샐러리도 잎까지 먹고, 껍질을 먹을 수 있는 것들은 껍질째 먹습니다. 그래서 음식 쓰레기가 거의 없어요.

고기는 냉동실에 두지 않고 퇴근길에 그날 저녁에 먹을 만큼만 사서 요리를 해요. 냉동실에 두면 맛도 없어지고 자리도 차지하니까요. 아이들 이유식 만들 때도 100그램씩만 샀습니다.

가격은 비싸도 괜찮은 옷 한 벌이 더 오래 입어요

전 옷을 한 번 사면 10년, 20년 넘게 입기 때문에 원단 좋고 마감이 꼼꼼한 것들로 골라 삽니다. 그런데 옷을 살 일이 없어요. 누가 안 입는 옷을 주면 기쁘게 받고 선물로 들어오는 옷도 있어서 의류비는 거의 안 들어요.

다른 물건들도 싼 것으로 이것저것 사기보다 비싸도 괜찮은 물건 하나를 삽니다. 경험상 그게 아끼는 거더군요. 그래서 1~2등 기업의 물건을 주로 구입합니다.

온라인으로 구입할 때는 일단 장바구니에 담아놓습니다. 며칠 뒤에 다시 보면 꼭 사야 할 것과 필요 없는 것이 구분되거든요.

중고 거래로 부수입을, 기부하고 연말정산에 보태요

중고 물건을 사거나 팔 때는 당근마켓을 이용합니다. 회원 수가 너무 많은 사이트는 올라오는 물건도 너무 많고 사기를 당할 위험도 있어서요(사기를 당해서 신고를 한 적이 있는데 상대방이 소년원 갔다는 얘기에 가슴이 아팠어요).

지역 물건만 검색되는 당근마켓이 직접 거래하기가 용이해요. 일단 필요한 물건이 있으면 키워드 알림을 신청해두고, 알림이 뜨는 물건만 봅니다. 이것저것 보다 보면 불필요한 것도 사고 싶어져, 시간 낭비에 돈 낭비가 되기 십상이죠.

오프라인에서 중고 물품을 거래할 수 있는 곳으로는 뚝섬벼룩장터가 괜찮아요. 벼룩시장에는 주로 판매하러 가는데, 트렁크에 안 쓰는 물건 모아두었다가 들고 나갑니다. 옷이나 소품보다는 주방용품이나 육아용품이 잘 팔려요.

요즘은 안 쓰는 물건들을 판매하기보다는 아름다운가게나 옷

캔에 기부합니다. 기부한 물건은 현물 가격을 책정해 기부금 영수증도 받을 수 있어요. 직장인 연말 정산에 도움이 됩니다. 작년에는 현금 기부 36만 원에 현물 기부 60만 원, 총 96만 원을 기부했어요.

집 수리도 셀프가 제일 쌉니다

커튼 달기부터 조명기기 교체, 세면대나 변기 수리 등 집을 관리하는 데는 직접하는 것이 제일 싸죠. 공구가 없다면 주민센터에 알아보세요. 무료로 빌려주는 곳이 있답니다. 저희는 화장실 공사를 직접 했는데요. 변기와 세면대가 깨져서 수리하는 김에 수도꼭지도 새로 달았어요.

오래된 집이라 발코니창 모헤어가 낡아서 이것도 직접 교체

직접 교체한 세면대와 변기. 수리업체에 맡기지 않으면 출장 비용도 아끼는 것이다.

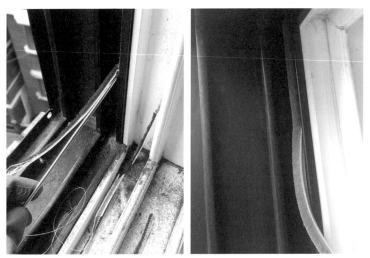
발코니창 모헤어 셀프 수리로 약 100만원을 아낀 효과를 봤다.

했습니다. 알아보니 30평 아파트 기준으로 최소 80만 원, 많게는 100만 원 정도 드는 것 같더라고요. 저희 집은 발코니 창문이 무려 12개, 게다가 4층 건물 계단 중간 창문까지… 저는 모헤어를 5만 원 정도 주문하고 집에 있는 송곳과 고무장갑으로 직접 수리했더니 100만 원가량 아낀 셈이 됐어요.

그 외 알아두면 쏠쏠한 팁들

주민센터에 우유팩을 모아 가져가면 1킬로그램당 휴지 한 개로 바꿔줍니다. 다 쓴 건전지 스무 개당 새것 두 개로 바꿔주는 주민센터도 있어요.

소주를 한잔하고 싶을 때면 집에 모아둔 빈병을 가지고 슈퍼마켓에 갑니다. 열네 병이면 소주 하나로 바꿀 수 있어요.

자전거는 서울자전거 따릉이를 이용하는데, 1일부터 1주일, 1개월, 6개월, 1년까지 따로 이용권이 있어요. 저는 3만 원을 내고 1년 이용권을 이용합니다. 따릉이 이용 후 30분 내에 대중교통을 이용하면 1회에 100원씩 적립금도 쌓입니다. 다음 따릉이 이용권 구매할 때 쓸 수 있어요.

버리는 게 돈 버는 것, 미니멀 라이프

1평을 치우면 1,000만 원을 버는 거였어요

미니멀 라이프에 대해 알았을 때, 머리를 맞은 듯한 충격을 받았습니다. 처음으로 물건이 차지하는 자리를 돈으로 환산해볼 수 있었거든요. 만약 내가 사는 집의 평당 가격이 1,000만 원이라면, 한 평짜리 서랍장 하나가 1,000만 원을 깔고 앉아 있는 겁니다. 쌓여 있는 물건들을 치우면 그만큼 돈을 버는 셈이죠.

'아끼는 거라면 내가 최고인데, 왜 이걸 몰랐지?'

그래서 미니멀리즘, 정리, 수납, 미니멀 라이프에 관련된 정보를 수집하기 시작했어요. 도서관에서 책을 빌려 읽고, 온라인 커뮤니티에 가입하고, 강의도 들었습니다.

하지만 실천은 쉽지 않더라고요. 비닐봉지 하나 집에 들어오면 두 번, 세 번 사용해야 내보내는 제게는요. '정리 일기', '비움 일기'라는 단체 채팅방을 운영하기도 했지만 정리와 비움 둘 다 잘 안 되더라고요.

그러다가 큰맘 먹고 옷과 장난감부터 정리했습니다. 장난감은 1년에 세 번만 사주지만 물려받은 것들, 벼룩시장 구경 갔다가 사온 것들, 과자에 들어 있던 것들이 모여 상당한 양이 되었습니다. 버릴 장난감 고르는 일을 아이가 너무 어려워해서 '무엇을 남길까'로 방향을 잡았어요.

우선 장난감 목록을 작성한 다음 남겨둘 서른 개를 골라 동그라미를 치게 했습니다. 아이는 더 남기고 싶은 눈치가 역력했어요. 그렇게 넣고 빼고를 반복하다 드디어 남길 것이 확정됐습니다. 버릴 것은 버리고 나중에 동생이 사용할 만한 것들은 상자에 넣어 발코니에 두었어요. 아이가 가지고 노는 장난감은 아이 방 한편에 선반을 만들어 올려놓았고요.

옷과 부엌살림도 버릴 것은 버리고, 쓸 만한 물건은 중고로 팔거나 기부했습니다. 집이 한층 넓어진 느낌이었죠.

아이들 장난감을 꼭 원하는 것만 남기고 정리했더니 두 아이가 데굴데굴 굴러다닐 정도로 방이 넓어졌다.

언니 집 정리하고 50만 원 벌어줬어요

이렇게 미니멀 라이프를 실천하고 있을 때 해외에서 살고 있는 언니를 방문할 기회가 생겼어요. 언니도 저처럼 부모님으로부터 절약 유전자를 물려받아 엄청난 짠순이입니다. 언니는 제가 중학교 때 대학을 졸업하고 유학을 떠났는데, 당시 엄마에게 정기적으로 편지와 용돈 사용 목록을 보냈어요. 1달러짜리 핫도그 사 먹은 것까지 적혀 있던 기억이 납니다.

결혼해서 아이들도 있으니 한국에 놀러 올 법도 한데 언니는 그동안 세 번밖에 오지 않았어요. 비행기표 값이며 경비가 아깝기 때문이겠죠.

언니 집에 가보니 역시나 다람쥐처럼 잔뜩 모아두고 살고 있더군요. 옷장 안에 작은 수납장이 네 개나 있었는데 모두 문이 안 열릴 정도로 막혀 있었습니다. 서랍 안에는 안 쓰는 물건들뿐이었고요. 그래서 제가 팔 걷고 나섰습니다. 숨어 있는 물건들을 모두 꺼내 버릴 것은 버리고, 수납할 것은 새롭게 정리했습니다. 이불은 드레스룸 귀퉁이에 작게 접어 넣고 예쁜 그림이 프린트된 천이 있어 미관상 보기 좋지 않은 곳은 살짝 가려주었어요.

이렇게 집 정리를 했더니 닫히지 않던 문도 닫히고, 수납장 구석에 박혀 있다가 유통기한이 지나 버려지는 음식도 없어지고, 집도 넓어졌습니다. 물건 관리도 쉽고, 조카들이 스스로 간식을 꺼내 먹을 수 있을 정도로 위치가 잘 보여서 언니와 형부의 시간까지도 절약해 주었지요. 안 쓰는 물건들은 집 앞에서 벼룩시장을 열어 판매했는데 몇 시간 만에 50만 원이나 벌었답니다.

언니 집을 다녀와서 더욱 절감한 것이지만, 집을 넓게 사용하는 것이 진짜로 돈 버는 길입니다. 비싸고 넓은 집에 살면 뭐하나요. 그 넓은 집이 물건으로 가득해서 너저분하다면요. 좁더라도 간소한 살림살이에 깔끔하게 정리된 집이 훨씬 가치 있지 않을까요.

절약하며 산 보상으로 월세 받습니다

절약에 절약을 더해 마련한 운명 같은 내 집

전기와 물 아끼기의 달인인 아버지, 조금이라도 싸게 구입하기 위해 암산 실력까지 갖추신 어머니를 닮아 어려서부터 절약이 몸에 배어 있기에 결혼 후에도 상당한 저축을 할 수 있었습니다. 게다가 시부모님 덕도 많이 보았어요. 결혼할 때 작은 빌라를 마련해 주셨고, 아이도 돌봐주셨거든요. 첫아이를 낳고 3개월 만에 복직하느라 시가에 들어가 살았습니다. 신혼집인 빌라는 서울에 공부하러 온 사촌에게 공과금만 내게 하고 살게 했어요.

시가에서 만 2년을 사는 동안, 젊을 때 돈 모아야 한다며 시부모님은 생활비 한 푼 받지 않으셨답니다. 돈을 드리면 다시 제 가방에 넣어두셔서 송금을 했더니 돈을 찾아 또 가방에 넣어두시는 거예요.

"나 다리 아픈데 자꾸 은행 가게 하지 말아다오."

한번은 얼마나 모았냐고 물으시기에 말씀을 드렸더니 이제 분가해야 하지 않겠냐며 저축과 신혼집 매도액, 대출을 고려한 금액으로 최적의 물건을 부지런히 찾아주셨어요.

시가와 가까이 살고 싶어서 동네 안에서 집을 찾았습니다. 다가구 주택을 구입해 아래층은 세를 주고 맨 위층에서 살 생각이었어요. 주차장과 소방도로가 있는 집이어야 한다는 조건으로 오랜 기간 천천히 찾다가 드디어 마음에 드는 집을 발견했습니다.

집을 꼼꼼히 둘러보고 나왔는데 매우 마음에 들었어요. 하지만 범접할 수 없는 금액이었습니다. 신혼집보다 무려 여덟 배가 비쌌거든요. 하지만 그 집을 살 운명이었나 봅니다. 신혼집도 꽤 높은 가격에 팔렸고, 집주인이 이미 세입자들에게 서명을 받아 안 나오는 대출까지 받아두었더라고요. 그 대출은 제가 승계받았습니다. 세입자들도 월세에서 전세로 전환하는 데 동의해주었고요(후순위라 위험할 수도 있는데, 제 얼굴이 믿음직했던 걸까요? 아무튼 정말 감사합니다). 게다가 가지고 있던 주식과 펀드도 마침 좋은 수익률로 팔았고, 집주인이 급매로 내놓아 가격도 많이 깎을 수 있었습니다.

인터넷을 검색하며 알아보고 등기민원콜센터, 구청 세무과 담당자들을 괴롭혀가면서 등기는 직접 해서 법무사 비용을 아꼈답니다. 부부 공동명의의 등기부등본을 보고 어찌나 뿌듯하던지요.★

★ 부동산 셀프 등기 방법 ★

1. 부동산에서 서류 준비하기
   1) 매도인 서류: 등기필증(등기권리증), 매도용 인감증명서, 주민등록초본(모든 주소 나오게), 인감도장, 인감이 찍힌 위임장
   2) 매수인 서류: 신분증, 도장, 주민등록등본
   3) 부동산 서류: 매매계약서, 부동산거래신고필증

2. 구청에서 취득세 신고 접수하기
   1) 취득세과: 취득세 신고서 작성 후 납부고지서 수령, 매매계약서 사본, 부동산거래 신고필증 사본 지참.
   2) 종합민원실: 토지대장·건축물대장 발급(총괄표제부, 표제부, 전유부 모두 포함), 매도인의 이름으로 정리돼 있는지 확인.
   3) 은행: 취득세 납부, 국민주택 채권매입, 인지세·등기신청 수수료 납부.

3. 등기소에서 소유권 이전등기 하기
   1) 준비서류: 등기신청서, 매매계약서, 취득세 영수필확인서, 등기신청 수수료 영수필확인서, 위임장, 등기필증, 토지건축물대장, 등본 각 1통, 매도자와 매수자의 주민등록초본 각 1통, 부동산거래신고필증, 인감증명서

의미 있게 아끼는 삶을 위해

지금은 세입자들에게 월세를 받고 있습니다. 세입자가 새로 들어올 때마다 보증금은 줄이고 월세를 올리면서 월세 수익을 높여가고 있어요. 주차장도 비어 있어서 월 주차료를 받고 빌려주고 있고요.

부자가 되려면 멀었지만 어느 정도 안정이 된 느낌입니다. 그

래서인지 요즘은 아끼지 않는 것들도 생겼어요. 저의 투자 공부와 아이들 먹는 데 들어가는 돈은 아끼지 않는답니다. 한창 아이들이 커나갈 시기라 영양가 풍부하고 건강한 음식을 먹이려고 신경을 씁니다. 그래서인지 아이들은 엄마는 짠순이가 아니라고 하네요. 작년에는 1,000만 원 가까이 들여 해외로 여행을 다녀오기도 했어요. 기부액도 점점 늘어나고 있습니다.

여전히 물건은 아껴서 씁니다. 있는 물건을 활용하고 끝까지 남김없이 사용하고 있지요. 치약을 한 번 더 힘주어 짜내 끝까지 사용합니다. 저에게 주어진 시간과 모아둔 종잣돈 모두 그렇게 사용하고 싶네요. 썩혀두지 않고 활용하고, 또 한 번 쓰고 다시 한 번 굴려서 좋은 결과가 있으면 좋겠습니다.

"제가 꿈꾸는 삶은 경제적인 여유뿐 아니라, 마음의 여유가 있는 삶입니다. 언젠가는 통 크게 기부할 날도 오겠지요. 그날을 위해 저에게 주어진 시간과 모아둔 종잣돈 모두 열심히 아끼고 굴려보렵니다."

한여름 낮에도 사람수와 실내온도에 따라 에어컨을 사용하면 냉방비를 절약 할 수 있답니다.

단, 31도가 넘으면 한 명만 있어도 가동! 손님 방문 시에는 무조건 가동!!

단칸방
세입자에서
상가주택
주인으로

여왕소금 *_~ (김정희)
슈퍼짠 17년차

다섯 아이와 남편의 든든한 기둥으로 타고난
비즈니스 감각을 가진 창업의 여왕

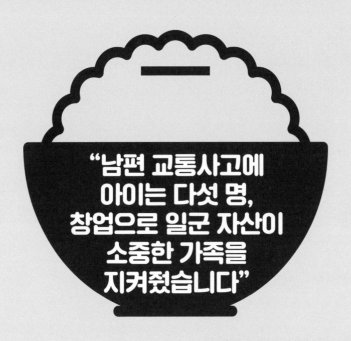

"남편 교통사고에
아이는 다섯 명,
창업으로 일군 자산이
소중한 가족을
지켜졌습니다"

지긋지긋한 가난에서 탈출하려면

다섯 아이 중 넷째를 가졌을 때 청천벽력 같은 소리를 들었습니다. 기형아를 출산할 가능성이 높다는 것이었어요. 임신 사실을 인지하지 못하고 맹장 수술을 한 것이 문제였습니다. 게다가 부작용으로 열흘 이상 치료를 받았기에 수술을 한 병원에서는 임신중절을 강력하게 권고했습니다.

하지만 아이를 낳고 싶었습니다. 그래서 그동안 아이들을 출산했던 산부인과에서 정밀검사를 진행하고 관리에 들어갔습니다. 동시에 아이가 장애를 가지고 태어났을 때 어떻게 해야 할지를 조사하고 준비했습니다.

만삭의 몸으로 배운 홈패션

이 아이를 키우기 위해 더더욱 돈이 있어야 했습니다. 하지만 이미 네 명의 아이들이 있는 제가 취업할 만한 곳은 없었습니다. 그래서 만삭의 몸으로 홈패션을 배우기 시작했습니다. 창업을 할 생각이었어요.

수업은 일주일에 두 번이었고, 1회 수업 시간은 3시간이었습니다. 수선과 커튼 중에 선택할 수 있었는데 어려운 커튼을 선택하는 사람은 거의 없었습니다. 집에서 소소하게 아이들 옷을 수선하거나 수선가게를 내겠다며 스무 명가량의 수강생 대부분이 수선을 선택했죠. 하지만 저는 커튼을 선택했어요.

배우는 속도가 느려 다른 수강생들의 눈치도 보였고, 구박도 받았지만 포기할 수 없었답니다. 저는 절박했어요. 반드시 창업을 해야만 했으니까요. 그래서 동네 새마을금고에도 출자금 통장을 만들어두었죠.

항상 같은 시간에 아이 하나는 업고 또 하나는 손을 잡고 가서 3,000원씩 입금을 했습니다. 하루는 직원이 묻더군요.

"한꺼번에 넣으시지, 애들 데리고 힘든데 왜 매일 오세요?"

저는 자세히 설명했습니다.

"저는 나중에 꼭 가게를 낼 거예요. 그런데 돈이 부족할 겁니다. 제1금융권은 대출이 불가능하지만 새마을금고는 조금 더 융통성 있는 창구가 된다고 들었어요. 그래서 창업할 때 이곳에서 대출을 받고 싶습니다. 저는 신용이 좋은 것도 아니고, 담보도 없어요. 제가 신뢰할 만한 사람이라는 것을 보여드릴 방법이 이것

외에는 없습니다. 1년 이내에 창업을 할 텐데 그때 대출을 신청하면 조금만 더 우호적으로 심사해주시기를 부탁드립니다."

그렇게 매일같이 새마을금고에 출근하고 수업을 들으면서 창업 준비를 했습니다.

나의 창업원칙

그때 저에게는 창업에 대한 저만의 원칙이 있었습니다.

1. 일을 완성했을 때 결제가 가능할 것

2. 가격 결정권을 자신이 가질 것

3. 직원에 의한 변수가 생기지 않게 스스로 기술을 터득할 것

4. 선금(계약금)을 받아서 작업할 것

5. 아이들과 함께할 수 있는 일이어야 할 것

6. 재고 부담이 없는 품목이어야 할 것

그리고 창업 품목도 수선과 커튼을 비교해보면서 신중히 선택하려고 했죠.

1. 수선을 선택할 경우

- 수선 가격은 보편적으로 정찰제다.

- 동네 근거리 손님이나 이웃을 상대할 것이다.

- 하루에 몇 개나 수선이 가능할까?

- 내 마음대로 가격을 받을 수 있을까?

- 옷 수선 기술로 수입이 여유로운 경지에 오르려면 시간이 너무 많이 소요된다.

2. 커튼을 선택할 경우

- 객단가(판매 금액을 고객 수로 나눈 값)가 높다.

- 하루에 단 한 건의 계약이라도, 디자인이나 원재료에 따라서 가격이 유동적이다. 수십만 원도 가능하고 수백만 원도 가능하다. 같은 시간을 들여 더 나은 수입을 기대할 수 있다.

- 원단과 디자인 가격이 공개되지 않는 시장이다.

- 계약 시 고객의 돈으로 원재료를 구입해 작업할 수 있다.

- 제품을 완성하고 시공이 끝나는 동시에 결제가 가능하다. 즉, 현금 흐름이 정확하다.

- 건강상 문제가 생기거나 일이 많을 때 하청을 주어 조정할 수 있다.

- 블라인드, 버티컬 등을 판매해 부가 수익을 창출할 수 있다.

- 다섯 아이를 데리고 식당을 한다면 아이들을 제대로 돌보기 힘들지만, 커튼은 고객이 계약하고 돌아가면 혼자 작업하기 때문에 아이들이 매장에 나와서 지낼 수 있다.

그렇게 따져보니 답은 금방 나왔습니다. 커튼 가게를 할 생각을 하자 커튼만 눈에 들어오더군요. 인테리어도 공부하고 싶었지만 그런 책자가 있는 줄도 몰랐고 살 돈도 없어 동네 미용실에서 낡은 잡지를 얻어왔습니다. 커튼 사진을 스크랩하고 디자인을 구상해보고 시뮬레이션을 해봤어요.

아이들 손잡고 커튼 매장도 참 많이 다녔습니다. 재래시장의 커튼 가게, 고급스러운 커튼 가게, 아파트가 많은 동네의 커튼 가게, 주택이 많은 동네의 커튼 가게 등 제가 사는 도시의 커튼 가게는 다 가본 것 같네요.

집에 와서는 보고 느낀 것을 노트에 정리했습니다. 오늘 방문한 가게의 장점과 단점, 손님을 대하는 주인의 태도, 사장이 나에게 어떤 원단과 디자인을 권했고 어떻게 구매를 유도했으며, 내가 사장이라면 어떻게 했을지 등등 꼼꼼하게 적어두었습니다.

이렇게 창업 노트를 만들어가는 동안 3개월의 교육이 마무리되고, 다음 날부터 가게를 보러 다녔습니다. 일단 유동 인구가 많아야 하고, 살림과 가게 일이 동시에 가능해야 했습니다. 아이들

학교도 가까워야 했고요.

전쟁 같았던 첫 창업

마침 딱 맞는 조건의 집을 찾았습니다. 10평짜리 가게가 딸린 방 세 개짜리 집이었어요. 문제는 언제나 그렇듯이 돈이었습니다. 모두 4,500만 원이 필요했는데 저희에겐 단칸방 전세보증금 800만 원이 전 재산이었습니다.

돈이 없으니 창업 과정은 전쟁 같았습니다. 지지해주는 사람은 아무도 없었고, 남편 역시 회의적이었습니다. 창업 자금을 구할 데가 없었으니까요. 대출을 받을 수 있는 자격도 안 됐습니다. 남편은 일용직 노동자인 데다가 저는 전업주부이고, 재산은 물론 없었습니다.

일단 새마을금고를 찾아가 이사장님과 대출 담당자에게 면담을 신청했습니다. 두 사람 앞에서 3개월치 수업 자료와 창업 노트를 보여주며 대출을 요청했습니다. 3,700만 원이 필요하다고 하니 어이없어하며 1,000만 원 이상은 안 된다고 하더군요. 그렇게 1,000만 원을 대출받았지만 나머지 2,700만 원을 어디서 구하느냐가 문제였습니다.

꽃길은 씨 뿌리고 길 닦아 만들어가는 것

자리 잡기까지 인고의 6개월

아무리 생각해도 돈 나올 데가 없었습니다. 그래서 건물주에게 반전세 제안을 했어요. 건물주는 온전한 전세를 원했기에 부족한 부분에 대해서는 월세 80만 원을 주기로 했습니다. 그때가 1995년이었으니 80만 원이면 당시로서도 꽤 큰돈이었어요. 당시 남편 월급이 85만 원이었습니다. 저는 남편을 설득했습니다.

"딱 1년만 해보고 벌이가 시원치 않으면 미련 없이 접을게. 당신 월급을 다 월세로 쓴다고 해도 1년만 기다려줘. 만약 실패하면 두고두고 이야기하며 살자. 우리 옛날에 한 달에 80만 원짜리 집에서 살아본 적도 있다고 말이야."

정말로 남편의 월급이 월세를 내는 데 다 들어갔습니다. 처음 6개월간은 말이죠. 커튼 제작 기술이 미흡해서 주문받은 모든 제품을 저를 가르쳐주신 강사님께 의뢰했으니까요. 고객에게 받은 비용을 강사님께 드리고 저는 기술을 디테일하게 전수받을 수 있었습니다.

6개월이 흐른 뒤로는 안정적으로 운영이 되더군요. 커튼 경력 수십 년의 베테랑이 만든 커튼이니 우리 가게의 커튼 디자인과

바느질 솜씨가 좋다고 소문나는 건 당연했어요.

강사님 덕분에 자리를 잡았지만 저도 하루에 두세 시간 이상 자본 적이 없을 만큼 열심히 했습니다. 우는 아이를 업고 재봉틀을 돌리고, 약속한 날짜를 변경하고는 무슨 일이 있어도 그 날짜에 맞춰 시공해달라는 고객 때문에, 새벽 2시까지 아이를 등에 업고 커튼을 시공할 때도 있었죠.

남편과 약속한 1년이 지났을 때, 새마을금고에서 빌린 1,000만 원을 다 갚고 매출과 신용을 추가해 2,000만 원을 다시 대출받았습니다. 그 돈도 얼마 지나지 않아 모두 상환했어요. 빚을 갚고 나자 돈이 쉽게 모이더군요. 이대로만 간다면 금세 부자가 될 것 같았습니다.

난데 없는 폐업의 아픔, 그리고 또 위기

하지만 창업 2년 만에 폐업을 해야 했습니다. 건물주가 집을 비워달라고 하더군요. 제 입장에서는 쫓겨난 것이지만 건물주는 계약대로 이행한 것이었습니다.

"계약 기간을 채우고 건물주가 원해서 가게를 비우게 될 경우 비품, 권리금 등에 대하여 이의를 제기하지 않고 비워주기로 한다."★

계약서 한 귀퉁이에 쓰여 있던 이 문구 때문에 한마디 저항도 하지 못하고 퇴거를 해야 했습니다. 세상을 너무 몰랐던 제 잘못이지요. 그나마 창업 자금 800만 원이 3,800만 원으로 불어나 있어 위로가 되었습니다.

불행은 혼자 오지 않는다고, 그즈음 외환위기가 닥치면서 남편의 일이 끊겼습니다. 외환위기의 여파가 우리 집에도 찾아온 것이죠. 남편은 몹시 힘들어했어요.

"그동안 쉬지 않고 달려왔으니 1년만 쉬어. 그동안은 내가 우리 가족을 책임질게. 그러니 1년 동안 쉬면서 일자리를 찾아보자."

두 번째 창업과 24평 아파트로의 이사

저는 다시 창업을 준비했습니다. 아이들이 세 명이나 학교에 다니고 있어 주거지를 옮기기 힘들었습니다. 대식구의 교통비 등 부가적인 지출이 훤히 보였습니다. 더 벌기 전에 불필요한 지출을 막는 것도 안정적인 경제 구조에 도움이 됩니다.

그래서 이번에는 우리 동네에 없는 게 무엇인지를 찾았습니다. 다른 동네는 있는데 우리 동네에는 없는 것, 우리 동네에 있으면 좋은 것, 아이들을 데리고 하기에 쉬운 것은 무엇일까?

그리고 보니 동네에 젊은 부부와 아기들이 많은데 유아복을 파는 데가 한 곳밖에 없었습니다. 게다가 막내가 두 돌이 채 안 된 때라 두 번째 창업으로 유아복 대리점을 선택했습니다. 기본적인 본사 보증금과 초도물품 구입비 등 자본금은 6,300만 원이 필요했어요. 3,800만 원이 있으니 2,500만 원이 모자랐는데, 새로 생긴 신협에서 거래를 제안하며 매일 방문하던 시기였기에 더 낮은 금리와 좋은 조건으로 쉽게 대출을 받았습니다.

당시 유명 브랜드로 꼽히던 아가방, 베비라는 이미 동네에 있었기에 저는 상대적으로 인지도가 낮았던 꼬망스, 쁘띠꾸숑 같은 비유명 브랜드를 선택했어요. 유명 브랜드는 인테리어나 상품을 구성할 때 본사가 주도하지만, 제가 택한 브랜드는 인지도가 낮고, 본사가 대리점을 확장하고자 하기 때문에 점주의 영향력이 더 컸습니다. 그렇기 때문에 좀 더 자유롭게 사업을 할 수 있었죠.

게다가 유아복 매장은 아이를 업고 장사하면서도 손님 눈치를 보지 않아도 되었습니다. 아기 엄마들을 상대하다 보니 오히려 공감하고 소통하기가 쉬웠습니다.

그렇게 3년이 흐르니 기존 고객의 아이들이 커서 아동복을 찾는 고객이 늘어났고, 이에 따라 아동복을 함께 판매하기 시작했습니다. 아동복을 함께 판매하자 이전부터 단골이던 고객들을 계속해서 지킬 수 있게 된 거죠. 가족의 생계가 나 하나에 달렸으니 열심히 안 할 수가 없었습니다. 고객을 하느님 대하듯 모시고 먹는 것, 입는 것, 잠자는 것까지 줄이며 혼신을 다했습니다. 덕분에 24평짜리 아파트를 마련할 수 있었어요.

남편은 집들이를 한 달 내내 했습니다. 결혼하기 전까지 2만 원짜리 월세 방에서만 살아온 남편에게 얼마나 기쁜 일이었을까요. 남편은 자신이 아는 모든 사람을 초대해서 자랑하고 대접했습니다. 한 달 동안의 잔치가 끝나자 저는 더욱 생활비를 줄이고 아꼈습니다. 남편도 군말 없이 따라주었고요.

내 집도 생기고 가게도 잘되니 희망이 보였습니다. 이제는 5시간씩 자면서 일해도 되겠다 싶었습니다. 돌아보면 가장 행복했던 시기였어요.

두드리면 열린다는 믿음으로

그러던 중 우리 동네 건너편 임야에 아파트가 들어선다는 소식이 들려왔습니다. 오래전부터 돌던 말이라 그러려니 했지만 정말로 공사를 시작하더군요.

세 번째 창업, 상권 분석은 곧 건물주 분석

수천 세대 규모에 학교도 두세 곳이 개교할 정도면 상권도 모두 옮겨갈 게 분명했습니다. 3~4년 후엔 건너편 아파트 단지에서 장사를 할 수 있어야 했어요. 막판이 아니라 중간에 빠지자는 생각으로 준비를 하고 정확히 2년이 지나 새로운 점주를 찾아 가게를 넘겼습니다. 권리금도 받고 비품 및 물품대도 제값을 받았어요. 인수한 분도 아파트 건설을 알고 있었습니다. 새로운 상권으로 약간의 타격은 받겠지만 이미 형성된 상권이니 기본은 할 거라는 판단을 하고 있더군요.

마침내 아파트 입주가 시작되자 상가 임대료가 어마어마한 가격에 형성되더군요. 기본이 억 단위였습니다. 제가 목표로 한 건물은 아직 기초공사 중이었는데 입지가 무척 좋았습니다. 임대료도 18평에 2억 원이 넘었습니다. 저로서는 엄두도 못 낼 돈이었지만, 두드려보기로 했습니다.

일단 건물주가 누구인지 알아보았어요. 지역에서 인지도가 높은 교육자시더라고요. 핵심 상권의 5층짜리 건물의 상가를 모두 전세로 임대하겠다는 철학을 가진 분이었습니다. 그렇기 때문에 월세는 절대 불가하다 했습니다.

그날부터 전 건물주에게 편지를 보내기 시작했습니다. 수신 확인을 위해 등기로 보냈어요. 저에게 가게가 꼭 필요한 이유와 저희 집 상황, 제가 가진 자본 규모를 솔직하게 알리고 간곡하게 부탁을 드렸습니다. 일주일에 두 번은 편지를 보내고, 일주일에 한 번은 꽃바구니를 보냈습니다. 간단히 안부 편지만 부치기도 했어요.

"사장님, 안녕하세요. 오늘은 비가 오네요. 이런 날은 다들 좋은 벗들과 함께하는 파전과 막걸리가 생각나는 날일 텐데, 제가 사장님 심기를 편치 않게 해드리는 것 같아 죄송합니다. 그런데도 사장님께 부탁드리는 것 외에 방법이 없어 이렇게 결례를 무릅씁니다. 부디 좋은 기회 주시기를 기다려봅니다. 등기우편 받아주셔서 감사합니다."

전세보증금을 절반으로 아끼다

그렇게 3개월 동안 편지를 쓰고 난 어느 날 처음으로 응답이 왔습니다. 한번 보자고 하시더군요. 설레는 마음으로 부동산 중개소로 나갔습니다. 그분은 이렇게 말했어요.

"나는 월세 안 받습니다. 편지 그만 보내세요. 이 말 하려고 왔습니다. 그동안 편지 받은 게 마음에 걸려서 얼굴이라도 보고 말 하려고 만나자고 했어요."

마지막 희망이 사라진 느낌이었습니다. 하지만 포기할 순 없었습니다. 그래서 내가 생각해낼 수 있는 마지막 카드를 써보기로 했습니다.

"충분히 알겠습니다. 이렇게까지 말씀하시니 제가 더 이상 뭐라 드릴 말씀이 없고 죄송한 마음뿐이네요. 하지만 사장님, 딱 한 가지만 더 생각해주시면 안 될까요?"

"무슨 이야기인데요?"

"매장이 18평이잖아요. 그런데 마지막 한 칸만 9평씩 2칸으로 분리해주시면 안 될까요?"

"이미 설계 다 나왔고 공사도 시작했는데 어떻게 그렇게 하겠습니까? 현장 소장이 달갑지 않게 생각할 거요. 설계 변경도 해야 하고, 나머지 절반을 따로 임대한다는 것도 이상하고."

저는 쾌재를 불렀습니다. 거절의 이유를 알 수 있으니까요. 그것을 내가 해결한다면 가능성이 커지는 거죠.

"나머지 9평의 임차인은 제가 모셔오겠습니다. 그리고 아직 골

조공사 단계가 아니라 기초공사 중이고, 중앙 부분이 아니라 마지막 칸이니 출입문 하나만 더 달아달라고 현장 소장에게 말씀해달라 부탁드리면 결례가 될까요?"

"허어, 참! 일단 내일 다시 이야기합시다."

"감사합니다. 꼭 부탁드리겠습니다."

그날 밤 잠이 안 오더군요. 그 하루가 얼마나 숨이 막히고 전신의 핏줄이 긴장하는 시간이었는지 지금도 생생합니다. 다음 날 전화를 받고 부동산 중개소로 가는데 손이 덜덜 떨릴 지경이었습니다. 건물주가 입을 열었습니다.

"그렇게도 원하시면 분리해드리리다. 단 임차인은 직접 알아보셔야 합니다."

"감사합니다! 정말 감사합니다!"

그렇게 사흘 만에 임차인을 모셔와 계약까지 마무리했어요. 어떻게 그렇게 쉬웠냐고요? 당시 그곳은 최고의 상권이었고 기본적인 권리금도 이미 2,000~3,000만 원이 형성되어 있었습니다. 하지만 그 건물은 신축이기에 권리금이 없어서 가게를 열면 3,000만 원은 이익이었습니다. 자리를 잡은 상가는 권리금 5,000만 원에 거래되던 때였어요.

다른 동네에서 장사를 하는 사장님에게 제안을 했더니 죽어가던 상권으로 어려워하던 차라 바로 오케이 하더군요.

그렇게 저는 전세보증금만 2억 원이 필요한 상가를 1억 원에 계약하고 아동복 매장을 열었어요. 제가 넘긴 매장이 보세 아동복이었기에 같은 품목을 피해 고가 브랜드 대리점을 선택한 거죠.

정말 꿈만 같았습니다.

꿈같은 날들에 찾아온 불행

갑작스런 남편의 교통사고

9월 어느 화창한 날이었어요. 남편이 아이들을 데리고 일터로 찾아왔습니다. 손에는 수제비가 들려 있었습니다. 조기축구를 다녀와서 아이들과 함께 수제비를 만들어 먹은 모양이었습니다. 수제비는 밀가루 음식을 즐기는 남편이 좋아하는 음식이었어요. 저녁을 굶고 일할까 봐 김치통에 넉넉히 담아왔더군요.

아빠와 함께 돌아서는 아이들을 붙잡아 세운 이유는 오토바이 때문이었습니다. 남편은 50시시짜리 작은 오토바이에 아이들을 태워왔고 저는 오토바이에 다시 아이들을 태워 보내는 게 영 마음에 걸렸습니다. 그래서 하던 일을 동료에게 맡기고 아이들을 제 차에 태웠습니다. 오토바이는 남편이 운전해 가져갔습니다.

그렇게 집으로 돌아가던 길에 교통사고가 났습니다. 제 차 앞에서 남편이 공중으로 떠오르더니 바닥으로 내동댕이쳐졌습니다.

그해, 2000년 8월 1일은 의약 분업이 시행된 날이었습니다. 전국의 대다수 병원이 거세게 저항했지요. 신규 환자를 받지 않는 것은 물론 입원해 있던 환자까지 내보낼 정도였어요. 남편을 받아주는 병원을 겨우 찾아 뇌수술을 했습니다. 이후 2~3개월 동안 남편은 네 차례의 수술을 더 받았고, 병원 지하의 장례식장을 예약한 날도 있었습니다.

1년간 아이들에게 남편의 모습을 보여주지 않았습니다. 자신이 누구인지도 모르는 사람, 튜브를 통해 코로 영양분을 공급받는 사람…. 아이들이 충격을 받을까 봐 두려웠습니다. 네 살, 일곱 살, 아홉 살, 열두 살, 열네 살. 극한의 상황을 받아들이기에 아이들은 너무 어렸어요. 저는 남편과 다섯 명의 아이들을 동시에 지켜내야 했습니다.

잔인한 시간들이었습니다. 사고도 사고지만, 보험금이 나올 테니 남자만 불쌍하게 됐고 여자는 팔자 펴겠다는 소리까지 들려왔습니다. 실상은 보험 하나 들어놓은 게 없었습니다. 남편은 무면허에 안전모도 착용하지 않은 상태였어요. 중앙선에서 사고가 났으며 가해 차량은 택시였습니다. 1년간의 법정 싸움도 해야 했습니다.

가게는 지속할 수가 없어 다른 사람에게 넘길 수밖에 없었습니다. 다행히 초기에 권리금 없이 들어왔고 브랜드 단독 상권이기에 적지 않은 차익을 남겼습니다. 그리고 간병에 전념했습니다.

남편의 상태는 호전되어 밥도 먹을 수 있고 움직일 수도 있게 됐습니다. 하지만 딱 거기까지였어요. 더 이상 진전이 없어 퇴원해야 했지요. 담당의는 보호시설을 소개해주겠다고 했습니다. 집에서는 간병하지 못할 거고, 나머지 가족들의 삶도 망가질 거라더군요.

그 사람은 내 아이들의 '아빠'

하지만 저는 그를 집으로 데려오기로 결정했습니다. 병원뿐만 아니라 주변 사람들도 만류했습니다. 아이들이 클 때까지만이라도 시설에 맡기라고, 아이들 키우기도 버거운데 어쩌려고 그러느냐고 했습니다.

그러나 아이들이 크고 나면 상황이 나아질까요? 어느 날 갑자기 삶 속으로 들어온 불편한 아빠를 온전히 이해할 수 있을까요? 아빠와 헤어져 있는 시간이 길면 더 힘들겠다고 판단했습니다.

저의 선택을 한 번도 후회한 적 없다면 거짓말일 거예요. 하지만 막내의 말을 듣고 나서는 한 번도 후회한 적이 없답니다. 막내가 초등학교 2학년 때 이런 말을 한 적이 있어요.

"엄마, 난 집에 오면 참 좋아."

"그렇구나. 뭐가 그렇게 좋을까?"

"친구들은 학교 끝나면 집에 가기 싫어해. 학원에서 일부러 문제 틀려서 남아서 풀고 가려고 하는 애들도 있어."

"왜 집에 가기 싫어하는데?"

"열쇠를 목에 걸고 다니는데 그걸로 열고 들어가는 게 싫대. 하지만 난 집에 와서 '딩동' 벨을 누르면 아빠가 '누구냐?' 하거든. 내가 '아빠, 나야' 하고 말하면 아빠가 문을 열어주거든. 그래서 난 집에 오면 좋아!"

그는 아무것도 할 수 없는 사람이었습니다. 남편 역할도, 아들 역할도, 사위 역할도, 아버지 역할도. 그런 사람을 평생 안고 가야 한다는 사실이 무섭고 두려웠습니다. 그런데 내 아이들에게는 여전히 '아빠'였습니다. 사고 이후 처음으로 그의 존재가 고마웠습니다. 아이들이 모두 성인이 된 지금 저는 이렇게 당부합니다.

"아빠가 엄마보다 먼저 갔으면 좋겠지만, 만약 엄마가 아빠보다 먼저 떠나게 되면 그땐 너희들이 아빠를 돌봐주면 좋겠어. 지금은 엄마가 할게. 엄마 남편이니까.

아빠를 책임질 날이 왔을 때 삶이 고단해서 아빠를 외면하거나 형제간에 우애가 상하지 않도록 지금은 너희들 인생에 집중했으면 좋겠어. 엄마가 힘이 없어지거나 먼저 떠나게 되면 그땐 아빠의 든든한 후원자가 되어주렴. 부탁해. 엄마도 최선을 다해 너희들의 짐이 되지 않게 준비할게. 건강관리 잘하고 경제적 힘 갖추고 열심히 살아낼 테니 너희들도 잘 준비해주면 좋겠어."

노동에서 투자로, 남의 가게에서 내 가게로

네 번째 창업, 공터에 계약금을 걸다

남편을 집으로 데려오고 입주 간병인을 들였습니다. 저는 다시 생계를 이어가야 했으니까요. 또다시 우리 동네에는 없는 것이 무얼까 찾아보니 남성복 매장이 없더군요. 조사를 시작했습니다. 우리 동네 남자 인구는 얼마인지, 가장 많은 남자 연령대는 어느 정도인지, 어떤 가격대가 저항 없이 진입이 쉬울지 등등.

근처 초등학교와 중학교 학생들의 숫자를 알아보고, 그 부모들의 연령대를 파악해보고, 주민센터에 가서 물어보고, 아파트 관리사무소에도 가보고, 아침저녁으로 버스 승강장에서 출퇴근 인구도 지켜보고, 회사 통근버스가 보이면 어느 회사인지, 연봉 수준은 어느 정도인지도 알아봤어요.

그 결과 고급 브랜드이면서, 상대적으로 인지도가 낮은 남성복 브랜드가 적합하다는 결론을 내렸습니다. 그런데 장사할 곳이 없었어요. 아파트 입주는 완료된 상황이고 선두 오픈 매장에 대응하려면 규모도 있어야 하는데 그 정도 매장은 권리금이 1억 근처로 형성되어 있었거든요.

그러던 어느 날 아파트 정문 출입구 근처의 공터를 발견했어요. 이상했습니다. 건물만 지으면 그야말로 대박인데 왜 땅을 놀리고 있는지 이해가 안 됐죠. 근처 부동산 중개소에 알아보니 국유지와 맞물려 있어 건물을 짓지 못한다더군요. 그러나 전 달리 생각했습니다.

'누군가는 이 황금 같은 입지의 땅에 어떻게든 건물을 올릴 게 분명해. 절대로 이대로 두지는 않을 거야.'

부동산 중개소 소장에게 공터에 계약금을 걸겠다고 했습니다. 소장은 어이가 없다는 표정이었습니다.

"허 참, 공터에 무슨 계약금을 걸어요?"

"소장님, 일단 땅주인에게 연락을 넣어주세요. 언제가 되어도 좋으니 만약 저 공터에 건물을 짓게 되면 제게 제일 먼저 1층 상가 중 선택권을 달라고요. 언제가 되어도 좋습니다."

소장은 어이없어 하면서도 추진력과 신용 등 저에 대해 잘 알기에 땅주인과 연결해주었고, 제가 말한 조건을 명시해 계약을 성사시켜주었습니다.

계약금 1,000만 원을 송금하면서 저는 생각했어요. 적어도 1년에서 길면 2년 안에 건물이 지어질 거라고요. 예상은 빗나갔습니다. 반년도 안 돼 연락이 왔으니까요. 땅주인이 그곳에 건물을 짓는다고 했습니다.

계약사항대로 땅주인은 제게 상가 선택권을 주었습니다. 저는 1층의 가장 좋은 자리로 40평을 선택했죠. 그런데 건물주의 지인이 10평만 쓰고 싶어 한다고 저에게 50평을 계약하자고 하더군요. 부담스러웠지만 충분히 승산이 있는 곳이었기에 50평을 계약했습니다. 권리금만 해도 1억 원은 이익을 얻고 시작한다는 계산이었죠.

그렇게 남성복 매장을 열고 숍인숍으로 남성 수제화 매장 10평은 전전세를 내주었습니다. 수제화 매장에서 받는 월세는 저희 매장 월세를 내는 데 보탰어요.

다섯 번째 창업, 세 개의 매장

남성복 매장은 하루하루 자리를 잡아갔습니다. 매출도 나쁘지 않았어요. 그런데 남성복이다 보니 여성이 운영하기에는 여러 모로 한계가 있었습니다. 다시 다음 시장을 찾던 중 이번엔 완전히 다른 형태로 매장을 운영하기로 했어요. 1층의 60평 매장을 20평씩 세 개로 분할해 세 가지 여성복 브랜드를 오픈한 거죠.

20대를 타깃으로 한 매장, 30대를 타깃으로 한 매장, 그리고 캐주얼. 겉보기엔 각기 다른 세 개의 브랜드 매장이 오픈한 것으로 보이지만, 뒤로는 통로가 연결되어 있어 창고와 탕비실을 공동으로 이용했고, 직원들도 다 우리 직원이었죠.

세 개의 매장은 각각 목적이 달랐습니다.

1번 매장: 사업 유지(인건비 & 매장 월세 & 대출 이자 등)

2번 매장: 생활비 & 교육비 & 남편 간병비 및 병원비

3번 매장: 저축 & 아파트 늘려가기

시간이 흐르면서 수익은 늘어났지만, 너무 숨 가쁘게 살아온 탓인지 건강이 나빠졌습니다. 매장을 정리하고 나니 제 손에는 1억 5,000만 원이 들려 있었습니다.

실거주도 투자자의 관점에서 찾기

저는 노동에서 투자로 눈을 돌렸습니다. 경매 관련 책을 읽고 평생교육원에서 강의를 들으며 공부했습니다. 그리고 살던 아파트를 정리했어요. 아파트를 내놓고 이사할 집을 알아보다가 아주 싼 값에 나온 매물을 발견했습니다. 절대 그 가격에 나올 지역이 아니었어요.

밤 12시에 콩닥콩닥 뛰는 가슴을 안고 주소지로 가보았더니 모든 것이 괜찮아 보였습니다. 집으로 돌아와 등기부등본을 열람해봤지만 이상을 발견하지 못했습니다. 다음 날 아침 부동산 중개소 소장에게 전화를 걸었습니다.

"그 집, 제가 사겠습니다. 그러니 제가 모르는 하자를 말씀해주시면 고맙겠습니다. 누수든 곰팡이든 어떤 하자라도 감수할 테니 알려주세요. 법적 하자만 아니라면 제가 매수하겠습니다. 단, 일주일 내에 집을 비워서 공가 상태로 넘겨주시는 조건입니다."

결론은, 법적으로 아무 하자가 없었습니다. 너무 낡아서 그대로는 살 수 없는 집이라는 점을 제외하면 말이죠. 집이 낡은 것은 문제 될 게 없었습니다. 아파트에 살다 보니 주택에 거부감이 있는 아이들을 위해 아파트와 같은 구조로 리모델링을 할 계획이었거든요.

일주일 이내로 집을 비워달라고 요청한 것도 리모델링 때문이었습니다. 12월이었기 때문에 날씨로 인해 공사 기간이 연장될 수도 있고, 새 동네에서 아이들이 입학을 해야 했으니까요.

그 집을 6,000만 원에 샀습니다. 도시가스가 아니어서 500만 원을 깎았죠. 그때가 2010년이었는데 현재는 2억~3억 원 사이입니다. 9년 동안 다섯 배가량 올랐네요.

마침내 월세 받는 건물주가 되다

이사하고 나서는 상가주택을 열심히 보러 다녔습니다. 몇 달 동안 발품을 팔아서 마음에 드는 물건을 찾았는데, 무슨 이유인지 10여 년을 빈집으로 놔둔 주택이었습니다. 그 집을 매수하겠다고 하니 다들 반대하더군요. 그 동네 사람들마저 이런 집을 사서 뭐할 거냐고 말렸습니다. 그러나 제겐 보물처럼 보였습니다. 10여 년 동안 방치돼 있다 보니 쓰레기더미가 대문 밖으로 넘쳐 나올 정도였지만, 깨끗하게 씻겨 화장하고 성형하면 멋지게 변할 미래의 모습이 보였습니다.

　제가 가진 자본 안에서 무리하지 않으면서 1층에 작은 상가가 있는 2층 집을 갖게 되는 순간이었습니다. 등기부상 상가주택이었어요.

　매수하고 나서 3개월 이상 공사를 직접 진행했습니다. 고도의 설비 부분은 전문가의 도움을 받으면서 최소 비용으로 공사를 마쳤습니다. 2층 주택을 예쁘게 성형해서 1층은 마당이 있는 작은 카페를 만들었습니다. 6개월 정도 제가 운영하다가 월세를 주었

10년간 빈집이던 상가주택의 리모델링 전후. 당시 견적이 5,000~8,000만 원까지 나왔는데 카페의 전등, 탁자, 가구 등을 직접 제작해서 약 3,500만 원으로 아낄 수 있었다.

습니다. 큰돈은 아니어도 매월 정기적인 수익을 안겨주는 고마운 카페입니다.

드디어 월세 받는 건물주가 된 것인가요? 진짜배기 건물주가 보면 가소롭겠지만, 또 누군가에게는 소형 아파트만도 못할 수 있겠지만 제게는 꿈의 발판이었습니다.

기쁨이 아니었던 순간,
행복하지 않았던 때가 없었는데

엄마가 이혼했으면 좋겠어

가난에서 탈출하기까지 20년 가까이 걸린 것 같습니다. 돌아보면 참으로 힘든 세월이었습니다. 남편의 사고에 이어서 시어머니의 담낭암, 시아버지의 노인성 암, 미혼으로 살던 시숙의 위암. 외며느리로서 그 모든 것을 혼자 감당해야 했습니다. 돌아가실 때까지 보증금 600만 원짜리 단칸방에 사셨던 극빈층의 시가를 안고 몸이 성치 않은 남편과 다섯 아이들을 책임지고 가야 하는 저의 어깨는 한없이 무거웠습니다. 망하면 안 됐기에 새 가게를 시작할 때부터 폐업하게 될 때를 염두에 두었습니다. 어떻게 해야 손실을 최소화할 수 있을지, 최대한 내 자본을 지켜낼 수 있을지를요.

아이 눈에도 엄마가 힘들게 사는 게 보이는지 어느 날 그러더군요.

"엄마가 이혼했으면 좋겠어. 우리 때문이라면 걱정하지 말고 이혼해서 나가면 안 돼? 우리는 신경 쓰지 마."

내심 충격을 받았지만 저는 아무렇지도 않은 듯 말했습니다.

"그래? 생각 좀 해볼게."

아이가 커서 대학 졸업을 앞둔 무렵엔 이렇게 말하더군요.

"엄마, 나 엄마에게 정말 감사해요."

"뭐가?"

"이혼하지 않고 살아주셔서요."

"그게 왜 그렇게 고맙니?"

"이혼하셨으면 지금처럼 고생은 안 하셨겠지만, 우리는 힘들었을 것 같아요. 친척 간 우애도 모르고 살았겠구나 싶어요. 방학이면 친척들 집에 놀러 갈 수도 있고 다들 잘해주시잖아요. 고모들도 항상 엄마를 칭찬하고, 그럴 때마다 우리 기분도 좋아져요."

"다행이구나. 그런데 혹시 그런 말 들어봤니? 이혼하고 싶어도 애들 때문에 참고 산다는 말."

"네."

"엄마도 똑같았어. 어렸을 때 네가 엄마한테 이혼하라고 했잖아. 만약 그때 너희들 때문에 이혼 못하는 거라고 했다면 어린 너희가 이해할 수 있었을까? 가슴이 시려서 하는 엄마의 말이 잔소리나 짐스러운 소음으로 다가가지 않았을까? 그래서 아무 말 하지 않았어. 언젠가는 엄마의 마음을 알 수 있겠지 하고. 만약 모르더라도 그건 엄마 몫이고.

이제 엄마가 하나 더 부탁할게. 앞으로도 너희가 이해할 수 없는 일을 엄마라는 이름으로, 교육이라는 이름으로 인도하는 상황이 올 수 있을 거야. 특히 이성 문제, 결혼 문제에서 엄마가 동의하지 않을 수도 있을 거야. 만약 엄마랑 의견이 부딪힌다면 시간을 주었으면 좋겠어. 네가 사랑하는 사람을 엄마가 거부할 때 엄마를 설득시켜주렴. 그리고 시간을 주렴. 엄마도 최선을 다해 설득당하고 이해하기 위해 노력할 테니까."

아이는 다행히 엄마와 부딪힘 없이 결혼을 했고 이제 아이 엄마가 되었습니다.

"아이를 낳고 보니 엄마가 우리를 위해서 얼마나 희생하고 사셨는지 알겠어요. 어떻게 그 시간을 견뎌내셨어요? 엄마의 삶이 아프고 안타까워요."

깜짝 놀랐습니다. 희생? 한 번도 생각해보지 않은 낯선 단어였습니다.

"아니야, 절대 아니야. 엄마는 단 한 번도 너희들 때문에 엄마의 삶을 희생한 적이 없어. 그런 생각 하지 않기를 바란다. 너희들이 엄마의 아이들로 세상에 온 그 순간부터 단 한 번도 기쁨이 아니었던 적이 없단다. 심지어 너희가 사춘기를 겪으며 흔들리고 거칠어질 때도 기쁨이었어. 당연한 성장 과정이었고 자연스러운 일이었으니까. 너희는 언제나 엄마의 행복이었단다."

이제 선한 부자가 되는 것이 꿈

아이들은 살아가는 힘이고 반짝이는 희망입니다. 아이들이 아니었다면 그토록 열심히 살 수 없었을 거예요. 조금 더 현명했더라면 하는 아쉬움은 있답니다. 더 일찍 부동산 공부를 시작하고 더 빨리 훌륭한 스승을 만났더라면 더 성장하는 투자자가 되었을 거라는 아쉬움이지요.

잘했다고 스스로를 칭찬해주고 싶은 점은 한 번도 희망의 끈을 놓지 않았다는 것, 책을 가까이 했다는 점입니다. 창업도, 고객 관리도, 돈 관리도, 더불어 사는 지혜도, 아이들과 함께 살아가는 방법도 책에서 배웠습니다. 책뿐만 아니라 성공한 분들로부터 직접 배울 수 있는 지금이 참 감사합니다.

요즘은 지속적인 수입 파이프라인을 늘려가는 즐거움으로 살고 있습니다. 그동안의 삶이 가난 탈출과 생계유지를 목표로 했다면 이젠 선한 부자가 되는 것이 꿈입니다. 지금까지 그래왔듯이 그 꿈도 이루어질 거라고 확신합니다.

"가난을 탈출하기까지 20년 가까이 걸린 것 같습니다. 참으로 힘든 세월이었지만 가족은 언제나 제게 희생이 아닌, 기쁨과 행복의 이유였습니다."

무일푼에서
12억을
만들기까지

초보육아맘 (황혜란)
슈퍼짠 13년차

무일푼에서 12억 순자산을 만든 초고속
돈 모으기 전략가

"종잣돈은 하루라도
빨리 모을수록
유리해요"

종잣돈, 빠른 시간에 치열하게 모아야

5년 만에 모은 2억 5,000만 원

저희 부부가 취업하자마자 종잣돈 모으기에 돌입했던 이유는 둘 다 '흙수저' 출신이기 때문이었습니다. 기댈 곳이 없었거든요.

저는 스물다섯 살 때부터 1년짜리 적금에 매달 80만 원씩 불입했어요. 보너스가 없는 달은 급여가 150만 원이었는데, 저축하고 남은 70만 원으로 월세 18만 원을 포함해 공과금, 보험료, 식비, 교통비 등을 모두 충당했습니다.

보너스가 나오는 달에는 200만 원씩 저축해서 1년에 800만 원을 모았고, 그 외 성과급이나 연말정산 환급금도 얼마가 되든 무조건 저축했어요. 그렇게 하니 1년에 2,000~2,500만 원씩 모아지더라고요.

대학 시절에 만난 남편도 제가 교육시켜서 돈을 모으게 했습니다. 다행히 남편도 취업을 빨리 해서 결혼할 때는 1억 원이 훨씬 넘게 모여 있었습니다. 저 역시 5년간 모은 돈으로 서른 살에 결혼할 때 집값에 1억 원을 보탰고, 혼수 등 결혼 비용을 부담했습니다. 1,500만 원 정도의 연금 펀드도 갖고 있었고요.

종잣돈 모으기는 빨리 시작할수록 유리합니다. 덕분에 내 집을 갖고 결혼생활을 시작할 수 있었습니다. 1억 2,000만 원의 대출을 받기는 했지만, 3억 7,500만 원짜리 경기도 신도시의 미분양 아파트를 구입했죠. 후회되는 점이 있다면, 입지 좋은 서울의 구축 아파트를 샀더라면 자산 형성에 훨씬 도움이 됐을 것 같아요.

신혼 첫 집, 신축보다는 입지를 따지세요

첫 집의 위치가 매우 중요해요. 평수가 작고 오래된 아파트라도 입지가 좋은 서울에 집을 사는 것이 좋습니다. 저희 집은 34평이었는데 2012년 당시 서울 가재울뉴타운의 24평짜리 새 아파트와 가격이 같았습니다. 하지만 6년이 지나자 가격 차이가 수억 원이나 나더군요. 2018년에 이 집을 4억 6,500만 원에 매도했는데, 가재울뉴타운 아파트는 7억 원까지 가격이 올라 있었어요.

부동산은 첫째도 입지, 둘째도 입지, 셋째도 입지입니다. 자산 형성의 토대가 되는 신혼집은 감당할 수 있는 한에서 최대한 대출을 받아 가장 좋은 위치에 마련하는 것이 돈 버는 길입니다.

저희가 산 신혼집은 투자의 관점에서 보면 실패라고 할 수도 있지만, 생애 처음으로 부동산을 소유했다는 점에 의의를 두었어요. 내 집이 생겨서 얼마나 행복했는지 모릅니다. 어렸을 때부터 이사를 숱하게 다녔고 스무 살에 지방에서 상경해 자취를 하느라 이사라면 지긋지긋했어요. 게다가 드넓은 34평에 반짝이는 신축 아파트라니요.

이 집이 있었기에 부동산 투자에도 눈을 뜰 수 있었습니다. 아파트를 한 번 사보니 집을 보는 안목도 생기고 관심이 높아져 공부도 시작할 수 있었습니다. 책 읽고 강의 들으며 공부하는 것도 좋지만 부동산은 확실히 한번 구입해봐야 제대로 알게 되는 것 같아요. 부동산 역시 이론보다 실전입니다.

문제는 1억 2,000만 원의 대출이었는데요. 이자만 월 37만 원이었습니다. 원금의 30퍼센트까지는 중도상환 수수료가 없었기 때문에 이자 외에 매달 원금도 갚아나갔습니다. 저도 직장을 다닐 때라 남편과 서로 게임하듯이 누가 더 많이 갚나 경쟁하며 대출을 갚아나갔습니다. 조금이라도 돈이 생기면 빚을 갚았고 그렇게 빚이 줄어드는 데 희열을 느꼈어요. 덕분에 약 2년 만에 전액 상환이 가능했습니다.

그 와중에 남편은 학자금 대출 없이 석사 과정을 마쳤습니다. 학비로 총 2,000만 원이 들었지만 자기계발에는 돈을 아끼지 않

부채상환 원장: 국민 1억 2천

3.73%

총계	부채	120,000,000		상환	120,000,000		잔액	0	
총계	어머니	4,500,000		남편	61,930,000		혜란	53,570,000	
구분	어머니	금액	비고	남편	금액	비고	혜란	금액	비고
2012				12월 21일	600,000		11월 28일	10,500,000	
2013	08월 05일	4,500,000		02월 13일	3,000,000		02월 13일	5,900,000	
				02월 21일	2,660,000		02월 21일	740,000	
				03월 21일	1,400,000		02월 28일	800,000	
				04월 18일	650,000		03월 21일	700,000	
				04월 19일	1,050,000		04월 22일	3,350,000	
				05월 21일	1,300,000		05월 21일	900,000	
				06월 24일	2,120,000		06월 04일	530,000	
				07월 19일	1,400,000		06월 24일	1,000,000	
				07월 29일	500,000		07월 19일	1,500,000	
				08월 21일	1,000,000		08월 21일	1,100,000	
				09월 12일	1,500,000		09월 17일	900,000	
				09월 17일	1,600,000		10월 08일	4,200,000	
				10월 21일	2,400,000		10월 20일	3,600,000	
				11월 21일	1,600,000				
				12월 24일	2,000,000				
2014				01월 06일	300,000		01월 02일	2,000,000	
				01월 21일	2,500,000		01월 20일	4,000,000	
				03월 17일	2,500,000		02월 20일	1,500,000	
				03월 21일	1,100,000		02월 28일	1,300,000	
				04월 21일	1,200,000		03월 20일	1,100,000	
				04월 30일	550,000		04월 21일	3,000,000	
				10월 02일	7,050,000		10월 15일	2,200,000	
				10월 22일	3,400,000		10월 28일	500,000	
				12월 01일	550,000		10월 28일	1,800,000	
							11월 06일	450,000	
2015				02월 17일	1,600,000				
				03월 16일	16,400,000				

집을 살 때 받은 대출금은 부부의 보너스와 상여, 연차수당 등은 물론 시어머니가 남편의 대학원 입학금으로 보태준 450만 원까지 모두 상환에 보태며 최대한 빨리 갚는 데 집중했다.

았습니다. 최고의 재테크는 몸값을 올리는 것이니까요. 지금도 남편은 직장을 다니면서 박사 과정을 밟고 있습니다.

은행은 돈 빌릴 때 가는 곳

저축 이자보다 투자로 얻는 이익이 큽니다

저는 종잣돈을 모을 때 외에는 은행에 돈을 묻어놓지 않습니다. 은행은 절대 나를 부자로 만들어주지 않습니다. 돈은 무조건 투자를 해서 불려야 한다는 게 제 생각입니다. 저축해서 이자를 받는 것보다 대출 이자를 내며 투자하는 것이 장기적으로는 훨씬 이익이라고 봅니다. 그래서 아파트에 투자했습니다. 5,000만 원을 대출받아 계약금 5,200만 원을 치르고 경기도 신도시 미분양 아파트 분양권을 샀어요. 청약 신청을 해도 당첨이 안 되니 미분양을 공략한 것이죠. 게다가 이미 아파트를 소유하고 있어서 분양받기가 어려웠어요.

2,500만 원의 프리미엄을 받고 분양권을 팔고 나서 또다시 미분양 아파트를 계약했습니다. 마포구 염리동 아파트 분양가가 2016년 당시 6억 7,800만 원이었어요. 2018년에 입주가 시작되어 6억 5,000만 원에 전세를 주었습니다. 지금 시세는 12억~13억 원입니다.

지방까지 넓게 보고, 자신 있는 투자 분야를 만드세요

처음부터 좋은 입지의 부동산을 구매할 수 있다면 더할 나위 없겠지만, 대출과 시세 차익을 이용해 좀 더 나은 지역으로 갈아타는 식도 좋은 방법인 듯합니다. 지방으로도 눈을 돌려 창원시 용호동 아파트에도 투자했는데요. 2016년 말 5억 3,000만 원에 취득해서 2017년 여름 2억 6,000만 원에 전세를 주었습니다. 현재 시세는 5억 8,000만~6억 원입니다.

지방 여러 곳에 토지도 소유하고 있는데요. 땅은 아파트보다 투자 비용이 적게 들어요. 아파트에 비해 훨씬 많은 대출을 해주거든요. 2014~2015년에 땅을 살 때 단위농협에서 80퍼센트까지 대출을 받을 수 있었답니다.

주택담보대출은 이제 거치식 상환이 불가능해졌지만, 저의 경우는 비조정지역 토지에 2금융인 단위농협에서 빌린 거라 거치식 상환이 가능했어요. 물어보니 거치 기간을 3년까지 설정할 수 있었습니다. 매월 이자만 내고 원금은 나중에 갚아도 되는 거죠. 저는 상환 기간은 최대한 길게 설정하고 매달 이자를 지급하되 돈이 생기는 대로 빨리 갚자는 주의입니다. 원금과 이자를 같이 상환하기는 부담스럽고, 어떤 변수가 생길지 모르니까요.

투자는 늘 최악의 상황을 염두에 두고 리스크를 관리해야 합니다. 무리해서도 절대 안 되고요. 저는 다른 사람들은 사지 않을 때, 가격이 쌀 때만 구입하고 대출도 많이 받지 않아요.

꼭 부동산이 아니라도 자신 있는 분야를 만들어서 투자를 해야 합니다. 저축은 종잣돈을 모을 때 하는 것만으로 충분해요. 투자 없이 저축만 하는 것은 자산 형성에 도움이 안 됩니다. 인플레이션을 이길 수가 없거든요.

남의 시선 따위 필요 없어

부부라면 재정 상태를 공유하세요

요즘 맞벌이 부부는 각자 재정을 관리하는 경우가 많다고 하는데, 저는 부부라면 재정 상태를 공유하고 함께 관리해야 한다고 생각합니다. 우리 부부는 결혼 전부터 재정 상태를 오픈했고 함께 미래를 설계했어요.

결혼하면 빨리 재정을 합쳐 관리하되 역할 분담을 하면 훨씬 효율적입니다. 저희는 가계부와 자산 변동 상태표는 꼼꼼한 남편이 만들고, 저는 투자를 책임지고 있어요. 남편은 직장생활에 박사 과정까지 병행하느라 바쁘기 때문에 아무래도 전업주부인 제

재무상태표

자산	금액	비고
마포 아파트	1,200,000,000	
창원 아파트	580,000,000	
김해시 토지1	94,000,000	
김해시 토지2	23,050,000	
김해시 토지3	20,000,000	
창원시 토지1	40,000,000	
창원시 토지2	23,000,000	
현 거주지 전세보증금	160,000,000	
소계	**2,140,050,000**	
부채	**금액**	**비고**
전세보증금(마포 아파트)	650,000,000	
전세보증금(창원 아파트)	250,000,000	
소계	**900,000,000**	
자본	**금액**	**비고**
남편	413,163,256	
나	217,590,378	
아들	1,545,812	
실현수익	87,558,837	719,858,283
시세차익	520,191,717	
소계	**1,240,050,000**	

12억 자산 현황 재무표. 가족 모두 기여했음을 잊지 않기 위해서라도 꼼꼼히 정리한다.

가 시간이 많으니까요. 이렇게 평소 투자 공부를 열심히 하고 투자처를 조사해서 최종적으로 남편에게 브리핑합니다. 그리고 남편이 허락하면 투자에 나섭니다.

가치 있다고 생각하는 것에 돈을 씁니다

자산을 불려나가는 재미가 워낙 쏠쏠해서 이제는 특별히 사고 싶은 것도 없답니다. 목표한 것을 하나하나 이뤄나가는 성취감은 쇼핑에서 얻는 즐거움에 비할 바가 아니에요.

지금은 목돈 마련을 위해 월 100만 원씩 저축하고 있습니다. 대출 이자로는 53만 원씩 나가고요. 생활비는 최대한 아끼고 있습니다. 남편과 저 모두 알뜰폰을 사용해 휴대전화 요금은 둘이 합쳐 월 2~3만 원대이고, 자동차도 남편이 결혼 전에 계열사 할인을 받아 1,000만 원에 산 포르테를 10년 가까이 타고 있어요. 남편 후배들도 외제차를 타고 다니던데 저희는 과시욕은 버리고 실속만 챙깁니다.

신혼여행 이후 해외는 한 번도 나가본 적이 없고, 네 살 배기 아이가 있어 주말이면 도시락 싸들고 나들이를 합니다. 새 옷은 사주지 않아요. 도서관에 가면 좋은 유아 전집이 많아 매일 빌려오고요.

대신 식비는 아끼지 않습니다. 경조사비에도 많은 돈을 쓰는 편이에요. 양가 부모님 용돈이나 병원비, 조카들 선물도 잘 챙깁니다. 그렇게 들어가는 돈이 매달 50~60만 원이고, 사람을 만날 때도 제가 더 내려고 해요. 남에게 베풀면 저에게 다 돌아오죠. 가치 있다고 생각하는 곳에는 돈을 씁니다. 물론 필요 없는 곳에는 절대 쓰지 않아요. 소비도 선택과 집중입니다.

저희 부부가 2012년에 결혼해 7년 만에 12억 원 이상의 순자산을 형성할 수 있었던 것은 절약과 투자 덕분이었습니다. 미래를 위해 쉰 살까지는 아끼며 살고, 투자도 열심히 해서 부자가 되고 싶어요.

"꼭 부동산이 아니더라도 인플레이션을 이기려면 자신 있는 분야를 찾아서 투자를 해야 합니다. 저축은 종잣돈 모을 때 집중적으로 하고 이후에는 눈을 넓혀 투자 공부를 적극적으로 해보세요."

40만 원으로
5인 가족
한 달 살기

다은햇살맘(박명미)
슈퍼짠 8년차

5인 가족이어도 40만 원이면 한달살이 충분한 살림의 여왕

예산을 세워야 초과지출이 적어요

가계부 정산은 1년 예산의 밑바탕

저희 집 한 달 생활비는 40만 원입니다. 식비·외식비, 육아비·교육비, 생필품비, 병원비, 문화생활비, 자기계발비, 미용비, 교통비, 의류비를 이 안에서 쓰고 있습니다. 작년에 셋째 딸이 태어나면서 30만 원이던 것을 40만 원으로 상향 조정했어요.

가끔 뜻하지 않은 지출이 발생해 40만 원 이상 쓸 때도 있지만 예산을 정해놓으면 목표가 있기에 초과지출을 하더라도 그 폭이 크진 않더라고요. 그래서 예산을 짜는 일은 참 중요하답니다.

가계부 정산을 해보니 지난해 생활비는 한 달 평균 34만 원이었어요. 돈이 많이 나간 달이 있어 예산이 초과됐지만 거의 30만 원 안에서 썼습니다.

생활비 외에 보험료, 공과금, 예비비 등 고정지출은 100만 원이에요. 돈을 아끼려면 우선은 변동지출보다 고정지출을 줄이려는 노력이 필요해요. 고정지출을 한 달에 1만 원만 줄여도 1년이면 12만 원이나 절약할 수 있어요. 한 달이 아니라 1년 단위로 생각하면 줄이고 싶은 욕구가 솟아오릅니다.

저희는 수돗물을 끓여서 먹어요. 그렇게 해서 매달 3만 원(연 36만 원)의 정수기 렌탈비를 줄였고, 알뜰폰

1년치 생활비를 항목별로 정산한 가계부. 내년 예산을 잡을 때 꼭 필요하다.

사용으로 매달 2만 원(연 24만 원)의 통신비를 줄였습니다. 올해 초에는 아이 보험료가 2만 원 정도 낮아져서 1년에 24만 원을 줄일 수 있었어요. 저는 늘 이런 식으로 생각하면서 가계부를 들여다보고 고정지출을 줄이고자 노력합니다.

수입은 많지 않아요. 남편이 다니는 회사의 급여 체계가 바뀌면서 월급에서 30만 원가량이 퇴직연금으로 들어가 실급여가 200만 원이 채 안 됐습니다. 그래도 월급 안에서 생활하며 제 개인연금과 국민연금, 보험도 내고 저축도 했지요. 다행히 올해는 급여가 200만 원 초반대로 올라 그만큼 더 저축할 수 있게 되었어요.

날짜	내용	금액	잔액	적립금
10.21	치과	8,900	291,100	
10.22	먹거리, 빵	15,770	275,330	
10.23	택배비	3,200	272,130	
	장보기	9,000	263,130	
	커피	4,000	259,130	
10.24	오빠 옷	51,800	207,330	
	기저귀	23,720	183,610	
	택배비	2,400	181,210	
10.25	도드람고기	10,000	171,210	
	한 살림 장보기	18,250	152,960	
10.26	빵	1,300	151,660	
	인터넷 장보기	4,230	147,430	인터넷 장보기 11,100원
11.1	병원비, 약	9,800	137,630	
	귤	5,000	132,630	
	한살림 장보기	31,000	101,630	
11.3	아이들 신발	50,000	51,630	
	떡볶이	5,000	46,630	
11.6	시금치	1,500	45,130	
11.7	식빵	2,000	43,130	
	우유	0	43,230	기프티콘 2,000
	올리브오일	0	43,230	엘머니: 8,000 엘포인트: 2,900
	책	4,400	38,730	엘머니: 10,000
11.12	수정테이프	1,600	37,130	
11.13	택배비	3,100	34,030	
11.15	한살림 장보기	32,000	2,030	
11.18	기저귀	2,770	-740	컬쳐캐쉬: 25,130
합계		300,740원 지출		59,130원

매달 쓰는 가계부는 생활비 한도액에서 지출이 나갈 때마다 잔액을 그때그때 정리한다

다자녀라면 정부 혜택도 수입입니다

월급이 오르면 생활비를 늘리는 게 아니라 저축을 늘려야 합니다.

성과급, 연차수당, 연말정산 환급금 등 크게 들어오는 돈도 무조

건 저축해야 하고요. 저희 집은 1년에 세 번 나오는 남편의 성과급이 1년 저축에서 가장 큰 비중을 차지하고, 제가 종종 재택근무로 버는 돈도 모두 저축합니다.

큰돈 들어온 김에 그동안 고생한 스스로에 대한 선물이라며 이것저것 사다 보면 돈은 순식간에 사라집니다. 나를 위한 선물은 생활비로 치킨 한 마리 시켜 먹는 것으로 충분해요.

아껴 쓰는 덕분에 저희 집 저축률은 매년 상승하고 있답니다. 저에게는 어린 세 딸이 있는데 아이들 이름으로도 각각 통장이 있어요. 아이가 태어나면 1만 원의 바우처가 제공되는 은행에 가서 주택청약통장과 적금통장, 자유입출금통장을 만들었어요.

적금통장에는 정부에서 지급받는 양육수당과 아동수당을, 자유입출금통장에는 아이들이 친지들로부터 받는 용돈이나 세뱃돈을 넣습니다.★ 요즘 통장 만들기가 까다로워져서 아이들도 많은 서류가 필요한데 신협에서는 제 이름 밑에 아이들 이름을 따로 넣어주더군요. 이렇게 하면 서류 필요 없이 통장 발급이 수월합니다.

정부에서 주는 돈은 모두 아이들 통장에 모으고 있는데, 현재 한 달에 60만 원을 받고 있습니다. 여기에 조금 더 저축 중이랍니다.

★ 아동수당과 양육수당 ★

1. 아동수당: 만 6세 미만(0~71개월) 모든 아동에게 지급하며, 2019년 9월부터 만 7세 미만(0~83개월)으로 확대된다.
   - 지원금액: 10만 원(매월 25일 지급)

2. 양육수당: 어린이집, 유치원(유치원과 동일한 성격의 교과과정 시행 기관 포함), 종일제 아이돌봄서비스 등을 이용하지 않는 취학 전·가정양육 영유아(초등학교 취학년도 2월까지 최대 만 86개월 미만)에게 지급.
   - 지원 금액(매월 25일 지급)
     - 출생일~12개월 미만: 20만 원
     - 12~24개월 미만: 15만 원
     - 24~86개월 미만: 10만 원
     (※ 농어촌, 장애아동 양육수당은 개월별로 상이)

3. 신청 방법: 해당 주민센터 방문 또는 복지로 온라인 신청(www.bokjiro.go.kr)
   (출처: 기획경제부 블로그 '경제e야기', http://moef.blog)

저는 아이들을 기관에 보내는 시기를 최대한 늦추고 싶었어요. 어렸을 때는 엄마와 만들어가는 추억이 가장 중요할 것 같아서 지금 일곱 살인 큰딸은 여섯 살 때 처음으로 유치원에 다녔고 다섯 살인 둘째딸은 지금도 저랑 하루 종일 함께 있답니다. 생후 10개월 된 막내와 더불어요. 그래서 양육수당이 꽤 된답니다.

아이를 키우는 집에서 받을 수 있는 정부 혜택은 생각보다 많습니다. 임신했을 때는 보건소에서 철분제와 엽산제를 제공받았고, 임신당뇨 검사도 무료로 받을 수 있었어요. 영양 플러스 혜택도 첫째 때 한 번, 셋째 임신 중에 또 한 번 받았답니다. 출산하고

정부 혜택으로 받는 영양 플러스 식품지원, 도서관 책 배달 서비스.

는 산후 도우미 혜택도 받았고, 지금은 북스타트와 내 생애 첫 도서관 서비스도 만족하며 이용하고 있습니다.

다자녀 혜택도 잘 챙기고 있어요. 수도 요금은 감면되고 전기 요금과 가스 요금은 할인됩니다. 저희 지역은 장난감 도서관 연회비를 면제해주고, 특히 선택 접종인 로타바이러스와 수막구균을 무료로 접종해줍니다(선택 접종하면 약 10만 원과 13만 원). 이 외에도 보건소에 가면 좋은 일이 많아요. 방학 때마다 아이들은 구강검진과 불소 도포도 무료로 받을 수 있답니다.

맞벌이보다 외벌이가 좋은 이유

재테크라고는 절약과 저축밖에 모르지만, 그렇기 때문에 더 좋은 점이 있습니다. 남편 월급만으로 생활해야 하니 씀씀이가 크지 않다는 거예요. 또 한 가지는 육아에 집중할 수 있다는 점입니다.

남과 비교하지 않고 우리 집에 집중해요

냉장고 안에 있는 재료들로 어떻게 맛있는 음식을 만들까 고민하며 열심히 집밥을 해 먹을 수 있고, 어떻게 하면 더 신나게 놀고 재미있게 공부할 수 있을까 궁리하며 아이들과 함께할 수 있어요. 살림도 육아도 집안 경제에 대해서도 더 많이 생각하고 실천할 수 있는 시간이 있으니까요.

가끔은 나태해지거나 자존감이 떨어질 때도 있지만, 책 읽기와 절약 커뮤니티에 올라오는 글을 보며 힘을 냅니다. 그래도 좌절감이 들 때가 있어요. 입이 떡 벌어지는 남들 수입에 비해 우리 집 수입이 너무 적게 느껴질 때나 아름답게 꾸민 좋은 집에 사는 사람을 보면 부럽습니다. 하지만 그것도 잠깐, 아이들의 미래와 우리 부부의 노후를 위해 저축하지 않으면 안 되니 좌절할 틈이 없어요. 비교는 언제나 불행을 불러옵니다. 남과 비교하지 않고 우리 집 사정에 맞게 사는 것이 중요해요.

저도 한때는 멋진 가구와 최신 가전제품으로 채우고 싶기도 했지만 첫째가 태어나면서부터 '비움'을 실천하고 있어요. 비우다 보니 생활이 간소해졌을 뿐 아니라 시간도 많아지고 욕심도 사라졌습니다. 절약이 더 잘되는 것은 덤입니다.

애써 비웠는데 물건을 사게 되지는 않지요. 회사에 출근하는 남편의 옷과 신발, 생필품 외엔 특별히 사는 것이 없어요. 물건은 하루만 지나도 중고가 됩니다. 육아도 최소한의 돈으로 하고 있어요. 아이들은 장난감보다 빈 상자며 살림살이를 좋아하더군요.

한 달 육아비용은 5만 원

아이들이 아직 어려서 사교육은 하지 않고 있는데 최대한 늦게까지 책과 놀이로 아이들을 키우고 싶어요. 작년에 육아비와 교육비로 사용한 돈이 한 달에 5만 원 미만이었는데(1년 합계 568,720원) 올해는 책을 구입할 계획이라 좀 더 늘어날 것 같아요. 유치원에 다니는 큰아이에게 들어가는 체험활동비, 우유 값 등을 제외하면 교육비로 지출하는 돈은 책과 DVD 구입이 전부입니다.

육아비는 주로 10개월 된 막내딸 기저귀 사는 데 들어갑니다. 천 기저귀와 종이 기저귀를 번갈아 사용하며 기저귀 값도 아끼고 있어요. 셋째까지 낳을 계획이 있었기에 첫째 때 사용하던 물건들을 잘 보관해두어서 옷과 신발을 그대로 물려 쓰고요.

로션이나 치발기 등 그 외 육아용품은 앱테크로 모은 포인트로 구입했어요. 뷰티 포인트로 로션, 보디워시를 구입하고 짐보리숍에서 모은 포인트로는 치발기를, 맘큐 포인트로는 기저귀를 샀어요. 지금도 뽀로로숍이나 쁘띠엘린스토어 등에 매일 출석해 포인트를 모으고 있답니다. 맘스다이어리 100일 일기 쓰기에도 도전하고 있어요. 100일 일기 쓰기에 성공하면 무료로 책을 만들어주는데요, 이렇게 발간한 책이 벌써 여덟 권이나 되었답니다.

셋째 백일잔치도 집에서 했어요. 두 딸과 소품을 만들고 음식은 남편과 만들어서 백일상을 대여하지 않고도 친지들 모시고 즐거운 시간을 보냈습니다.

장난감보다 경험을 선물해주고 싶어요

이처럼 아이들에게 돈을 거의 쓰지 않는 대신 다양한 경험을 할 수 있도록 늘 애를 씁니다. 광릉수목원, 회암사지, 전곡 선사박물관, 연천 선사유적지, 나리공원 등 아이들과 갈 만한 곳이 많답니다. 청와대 관람도 예약해두었고요. 최대한 자연을 느끼게 해주고 싶어서 미세먼지 없는 날은 무조건 밖으로 나갑니다. 봄에는 집 앞에 있는 벚꽃을 보고, 여름엔 물놀이터에 가고, 가을엔 낙엽을 밟으며 걷고, 겨울에 눈이 올 때에는 아침 일찍 나가 아무도 밟지 않은 눈에 발자국을 내고 눈사람을 만듭니다.

꽃에 물을 주고, 상추를 심고, 블루베리를 따는 체험은 시가에 가서 하고요. 이런 기억들이 아이들에게 좋은 영향을 끼치리라 믿습니다. 아이들이 자라면 좀 더 넓은 세상을 보여주고자 노력할 생각이에요.

제가 직장에 다녔다면 이 모든 것이 불가능했을 거예요. 모든 전업주부들이 자긍심을 갖고 행복한 육아, 즐거운 살림을 했으면 좋겠습니다.

부지런하면 못할 게 없습니다

전업주부라서 좋은 점은 또 있습니다. 식비를 최대한 줄일 수 있다는 점이죠. 아무래도 직장에 다니다 보면 밥 하기가 힘들어 외식 빈도가 높아지겠죠. 전업주부도 살림하랴 아이 키우랴 힘이 드는 건 마찬가지지만 식사 준비가 하루 일과 중 중요한 일이니까요.

냉파는 기본, 먹을 만큼만 조금씩 장보기

저희는 양가 부모님이 재배하신 쌀이며 각종 채소, 김치 등 먹을 거리를 지원받는데 그렇게 받아온 것들을 귀하게 여기며 열심히 밥을 합니다. 절약하는 이유가 바로 잘 먹고 잘 살기 위해서인데 부실하게 먹을 수는 없으니까요.

일단 냉장고 파먹기는 기본이고 그때그때 소량씩만 장보기, 대형 마트 안 가기, 한 가지 재료로 다양한 요리 만들기를 실천하고 있습니다. 가령 떡이 있다면 어른들이 먹을 매운 떡볶이, 아이들이 먹을 간장 떡볶이, 떡국, 떡라면, 떡구이를 할 수 있고요. 감자가 있다면 쪄서 먹거나 감자볶음, 감자조림, 감자전, 감자 샐러드 등 다양한 음식으로 활용할 수 있어요. 콩나물도 맵게 또는 맵지 않게 무치거나 콩나물밥, 콩나물국 등을 해 먹을 수 있고요.

이렇게 한 가지 재료로 여러 가지 음식을 하면 새로 살 필요 없이 미리 저렴하게 구매해둔 식재료를 사용할 수 있고 질리지도 않아 식비를 절약할 수 있습니다. 무엇보다 식비를 절약하려면 부지런해야 해요. 부지런해야 가족들에게 건강한 집밥을 해줄 수 있답니다.

아이들 간식도 집에 있는 것으로 해결합니다. 아직까지 사탕, 초콜릿은 금하고 시판 과자도 잘 사주지 않습니다(남편이 저 몰래 사주는 건 안 비밀입니다!) 간식은 주로 과일, 떡, 고구마, 달걀, 옥수수 등인데 간식만 사주지 않아도 꽤 많은 돈을 아낄 수 있습니다.

에너지 절약하고 돈으로 돌려받기

음식뿐만 아니라 물건도 넘쳐나는 세상입니다. 요즘 아이들은 너무 풍족한 시대에 살고 있지요. 그래서 저만이라도 조금은 부족한 듯 키우고 싶어요. 물건의 소중함과 '세상에 쉽게 얻을 수 있는 것은 없다'는 점을 가르치고 싶답니다. 무언가를 얻거나 성취하기 위해서는 노력해야 하고 그것이 얼마나 가치 있는 일인지 알려주고 싶어요.

에너지를 절약해야 하는 이유와 10원이 모여 100원이 되고 100원이 모여 1,000원이 되는 기적도 깨닫게 해주고 싶고요. 그러려면 엄마가 솔선수범해야겠지요. 그래서 전기, 물 등 에너지를 절약해 1년에 한두 번 탄소포인트를 받고 있습니다.★

거래일시 ▼	출금 액 ▼	입금금액 ▼	거래후잔액 ▼	거래내용	거래기록사항	거래점 ▼
2016/12/19 12:47:04		6,000원		대체	환경관리과	농협 000558

거래일시 ▼	출금 액 ▼	입금금액 ▼	거래후잔액 ▼	거래내용	거래기록사항	거래점 ▼
2017/07/05 11:29:04		3,000원		대체	환경관리과	농협 000558
2017/12/21 17:15:14		11,000원		대체	환경관리과	농협 000558

거래일시 ▼	출금 액 ▼	입금금액 ▼	거래후잔액 ▼	거래내용	거래기록사항	거래점 ▼
2018/06/25 15:16:15		16,000원		대체	환경관리과	농협 000558
2018/12/18 16:33:20		20,000원		대체	환경관리과	농협 000558

탄소포인트 인센티브 입금 내역. 작지만 의미 있는 돈이라 더 뿌듯하다.

★ 탄소포인트제란? ★

각 지방자치단체가 시행하는 온실가스 감축 대상 에너지 항목(전기, 상수도, 도시가스)별로 정산 시점으로부터 과거 2년간 월별 평균 사용량(기준사용량)과 현재 사용량을 비교해 절감 비율에 따라 에너지 항목별로 탄소포인트를 부여하는 제도.

1. 참여 방법
   – 온라인: 탄소포인트제 홈페이지(www.cpoint.or.kr)
   – 서면: 관할 시군구 담당 부서 방문 또는 우편, 팩스
   * 서울시 거주자는 에코마일리지 홈페이지(http://ecomileage.seoul.go.kr)에서 가입

2. 인센티브 종류와 포인트 범위
   – 종류: 현금, 상품권, 그린카드 포인트(그린카드 소지자)
   – 포인트 범위

구분	전기	수도	가스
5~10% 미만	20,000원	3,000원	12,000원
10~15% 미만	40,000원	6,000원	24,000원
15% 이상	60,000원	8,000원	32,000원

할 수 있는 절약은 다 합니다

푼돈이 모여 목돈이 된다는 것을 알기에 설문조사 응답, 블로그 운영, 공병 팔기, 동전 모으기, 헌옷 팔기, 앱테크도 하고 있습니다. 특히 앱테크를 하다 보면 1원도 소중하게 느껴집니다. 그래서 더 돈을 함부로 쓸 수 없게 되지요.

할인 혜택이 있으면 적극적으로 이용해 돈을 아낍니다. 온누리 상품권을 10퍼센트 할인된 금액으로 판매할 때가 있는데 이때 구

매해서 장볼 때 쓰고, 최근에는 경기 지역 화폐 앱에서 양주사랑 카드를 발급받았는데 충전 금액의 10퍼센트를 추가 충전해준답니다.

물론 할인도 좋고 푼돈 모으기도 좋지만 가장 좋은 것은 무지출이죠. 한 달을 생활하다 보면 소비하는 날도 있고 돈을 전혀 쓰지 않는 날도 있어요. 저는 '무지출 데이'를 늘리려고 노력한답니다.

우리는 살아가는 데 필요한 것들 이상을 소유하고 있어요. 냉장고에는 먹을거리가 가득하고 옷장은 옷들로 가득 차 있습니다. 이미 가지고 있는 것만으로도 생활할 수 있습니다. 일단 목표를 잡아보세요. 한 달 동안 온라인 쇼핑 안 하기, 사흘 동안 무지출하기, 열흘간 냉장고 파먹기 등등. 생각보다 성공적이어서 놀랄지도 모른답니다.

펑펑 써야 할 데도 있어요. 바로 금융 상품입니다. 저는 동네 은행에 특판 소식이 나오면 바로 찾아가 적금에 가입해요. 최근 이런 특판 행사가 종종 있어서 이율 높은 상품이 꽤 나오더라고요. 조금만 더 부지런해지면 아낄 수 있는 범위가 늘어나고 모을 수 있는 돈이 커진답니다.

행복하지 않으면 의미 없어요

저는 미래의 행복을 위해 오늘의 불행을 견디고 있다고 생각하지 않습니다. 지금 이 순간이 행복하지 않으면 앞으로의 행복이 무슨 소용일까요. 그 행복이 반드시 온다고 장담할 수도 없는데 말이에요.

악착같이 아끼면서도 저는 행복을 찾기 위해 노력합니다. 행복도 노력해야 얻을 수 있더라고요. 가령 하루 종일 집안일과 씨름하면서 아이들에게 마냥 친절하고 마음이 온순해질 수는 없습니다. 그래서 치워도 치워도 몇 분 후면 난장판이 되는 집은 그냥 포기합니다.

요즘은 막내가 밤에 잠을 잘 안 자 저도 힘이 드는데 그럴 때는 음악을 듣습니다. 좋아하는 라디오 방송을 들으며 집안일을 하고, 가끔 클래식 CD를 틀어 아이들과 함께 듣습니다.

일주일에 한 권 이상 틈틈이 책을 읽고, 독서노트에 좋은 글을 필사합니다. 육아일기도 쓰고 블로그에 살아가는 이야기도 쓰고요. 매일 가계부를 작성하고, 자산 정리도 하고, 미래 계획을 세웁니다.

모두 제가 좋아하는 일이에요. 바쁘고 정신없는 와중에도 숨을 쉴 수 있는 구멍이랍니다. 이렇게 제 자존감을 높이면서 하는 절

세 아이의 미래를 위해 만든 주택청약 및 입출금·적금 통장들

약은 힘들지 않고 재미있어요.

길가다 우연히 빈병을 발견하면 횡재한 느낌이고, 어쩌다 이벤트에 당첨되면 정말 기쁩니다. 일상의 작은 행복이죠. 억지로 힘들게 하는 절약이 아니라 내가 행복해서 하는 절약이어야 오래 할 수 있답니다.

게다가 통장에는 매달 돈이 불어나고 있고, 제 기준에선 많은 돈을 모았으니 행복하지 않을 수 없지요. 소액이지만 작년부터 기부도 하기 시작했는데 남을 도울 수 있다는 것 자체가 행복한 일입니다. 성실히 일해서 받는 월급으로 자산은 앞으로 계속 플러스될 예정이에요. 노후에 유용하게 쓰일 개인연금, 국민연금, 퇴직연금도 있고요.

제가 이렇게 열심히 아끼며 사는 까닭은 빚 없이 월급 안에서 생활하고 싶었고, 작은 부자가 되고 싶은 간절한 목표가 있기 때문이랍니다. 은퇴 뒤에도 돈 걱정 없이 노후를 즐길 수 있고, 부모님께 받은 만큼 되돌려드릴 수 있고, 내 아이들이 돈 때문에 꿈을 포기하지 않고, 늙어서 아플 때 자식들에게 짐이 되지 않고, 할머니가 되었을 때 손자손녀에게 맛있는 것 많이 사줄 수 있다면 좋겠습니다. 이런 생각을 하면 아끼고 모을 의욕이 생긴답니다.

사실 우리 부부는 노후가 되어도 큰돈 없이 잘 살 수 있을 것 같아요. 평생 가져갈 절약 습관을 체득했기 때문이지요. 우리 세 딸에게도 절약 습관은 무엇보다 큰 자산이 될 거라고 생각합니다.

다자녀 가정에서 받을 수 있는 혜택!

☑ **다자녀 혜택 기준** : 올해부터 두 자녀 이상 가정도 받을 수 있어요.

☑ **다둥이 카드 (서울시, 경기도 등)** : 두 자녀 이상 가정이라면 학원비, 병원비, 통신비, 주유비 등 할인 받아요.

☑ **국민연금 출산 크레딧** : 둘째 이상 출산 시 노령연금이 올라갑니다. (2명 12개월, 3명 이상 18개월씩)

☑ **아이돌보미 서비스** : 만 36개월 자녀 둘 이상일 때 우선 제공받아요.

그 외에도 수도 요금 감면, 전기·가스요금 할인, 보건소 무료접종, 장난감 도서관 연회비 면제 등 지역별로 다양하게 있어요~

짠테크 고수들이 '물욕'에 대처하는 자세

1. 물욕은 다스리는 것이 아니라 '없애는' 것이다.
무지출한 날에는 그만큼 저축으로 직행, 쓰는 즐거움보다 안 써서 생기는 즐거움을 챙기자.

2. 쇼핑몰에 가지 않는다.
오프라인은 물론, 온라인 쇼핑몰도 들여다보지 말자. 홈쇼핑 채널은 아예 삭제하자.

3. 사고 싶은 건 장바구니에 넣어놓고 일주일만 두고 본다.
지불은 현금 이체로 설정해둔다. 일주일 후에도 그 물건이 생각나지 않으면 그건 안 사도 되는 것이다.

4. 하나를 사면 하나를 버린다.
미니멀 라이프는 결코 어렵지 않다. 집 안을 물건 대신 빛과 여백으로 채우자.

5. 산책을 나갈 때는 지갑을 두고 나간다.
군것질이나 충동적으로 돈이 나가는 것을 원천봉쇄하자.

6. 신용카드는 '체크카드처럼' 쓴다.
어쩔 수 없이 필요할 때는 카드 결제계좌에 바로 송금해서 입금예정액을 '0'으로 만들자.

7. 의미 있는 곳에, 계획적으로 쓴다.
가족이 공통으로 쓸 것, 반려동물 물품 중 고가인 것 등 평소 지출보다 크게 쓸 돈은 따로 정기예금을 넣어서 추가 예산을 만들자.

슈퍼짠 마인드셋 7계명

1
인생의
목표를 정하라

2
독서하라

3
가난은
부자로 가는
과정일 뿐이다

4
건강한
식사를 하라

5
저축하고
남은 돈으로
생활하라

6
물건은
적을수록 좋고
돈은 많을수록
좋다

7
써야 할 데와
쓰지 말아야 할
데를
구분하라

09

타이밍 안 놓쳐
두 배로 오른
집값

福부인 ♥ (김유라)
슈퍼짠 11년차

베스트셀러 《나는 마트 대신 부동산에 간다》 저자,
재테크로 선한 부자의 꿈을 이룬 주인공

"절약도 투자도
공부해야
성공합니다!"

절약 끝에 낙이 온다는 믿음으로

내가 부동산을 공부한 이유

결혼생활 13년차에 접어든 서른일곱 살, 세 아이 엄마입니다. 은행에 다니던 신혼 때 저는 스물네 살이었고, 우리 부부가 번 돈을 모두 펀드에 넣었습니다. 2008년에는 첫아이도 낳았죠. 그런데 그해 말 미국발 금융위기가 일어나면서 펀드가 그야말로 반토막이 났습니다. 그동안 모은 돈의 절반이 사라진 겁니다.

게다가 전세 계약이 만료돼 집을 알아보러 다니다가 또 한 번 소스라치게 놀랐습니다. 2년 전에 비해 전세와 매매 가격 모두 수천만 원이나 올라 있었기 때문입니다. 주식 가격은 떨어지는데 부동산 가격만 오르다니, 도무지 이해할 수가 없었습니다.

그렇게 이사를 했지만 2년 후 집주인은 보증금을 수천만 원이나 올려달라고 하더군요. 전셋값이 또 폭등한 겁니다. 하지만 저희 부부에게는 전셋값을 올려줄 돈이 없었습니다. 그 사이 아이는 두 명으로 늘어나 있었고요. 그래서 재개발 지역에 있는 빌라로 이사를 했습니다. 낡았지만 방이 네 개나 되는 넓은 집이었어요. 전세가 7,500만 원이었으니 아파트보다 자그마치 1억 원이나 저렴했어요. 아마 대전이라 가능했을 것 같네요.

월급 250만 원 중 125만 원을 저축하며 세 아이 키운 비결

그러나 싸고 큰 집에 살게 됐다는 기쁨도 잠시. 그 집이 왜 그토록 저렴했는지를 깨달았습니다. 수시로 물이 새고, 곰팡이가 생기고, 수도관이 터지고, 보일러 온수통이 고장 나고, 배관이 막혀 물이 빠져나가지 않아서 여러 번 고생했습니다.

계약 기간이 만료되면 이사를 하면 그만이었지만 저는 아이가 초등학교에 입학하기 전까지는 그 집에 살자고 생각했습니다. 돈

직접 바닥과 벽까지 고치고 돌보던 재개발 지역의 빌라. 짠돌이 카페를 구세주처럼 만났던 것도 그때였다.

을 모아서 내 집 마련을 하기 전까지는 나가지 않겠다고 마음먹고 독하게 절약하고 저축했어요. 심야전기를 사용하는 집이라 낮에는 난방이 되지 않아 공업용 단열재를 공동구매해서 거실 바닥에 깔기도 했죠.

첫아이를 낳으면서 은행을 퇴사해 수입은 남편이 혼자 버는 250만 원이 전부였지만 그중 절반인 125만 원을 저축하며 세 아이를 키웠습니다. 어떻게 그렇게 할 수 있었는지 알려드릴게요.

1. 자연분만, 모유 수유를 하자고 다짐했습니다

자연분만과 모유 수유가 좋다는 것은 누구나 알지만 뜻대로 되는 일이 아니죠. 다행히 저는 첫째 때 성공해서 둘째와 셋째도 자연분만에 모유 수유를 할 수 있었어요. 세 아이 모두 18개월간 모유로 키워서 분유나 젖병을 한 번도 산 적이 없어요.

2. 기저귀는 브랜드 욕심 내려놓았어요

저는 하기스 유명 브랜드 기저귀를 쓰지 않았습니다. 신생아 때는 백조, 나비잠을 썼고 그 이후로는 LG마망을 썼습니다. 온라인 마켓에서 쿠폰을 받아 구입하니 기저귀 하나에 200원 꼴이더군요. 하루에 다섯 개를 쓰면 1,000원이니 기저귀 값으로 한 달에 3만 원 이상 쓰지 않으려 노력했어요.

3. 학습지 대신에 엄마표 교육으로

문화센터에 보내거나 학습지를 시키는 대신 책을 많이 읽어주고 낱말 카드를 가지고 놀아주었습니다. 세 아이 모두 학습지 없이 한글을 뗐어요. 엄마 아빠가 절약하며 돈을 모으는 모습을 보며 자라서인지 글자를 써도 "돈을 모아서 태권도 다니자" 같은 것을 쓰더라고요.

동네 행사 때 아이들이 뛰어가서 선물을 집어오는 게임을 할 때도 화장지가 필요하다고 하니 장난감 대신 화장지를 가져오고요. 고물상에 가서 모아둔 폐지나 빈병을 팔 때도 아이들을 데리고 다녔는데, 그래서인지 아이들은 고물을 팔거나 중고 물건을 사용하는 것에 전혀 개의치 않아요.

4. 경제 교육은 어렸을 때부터 시작하세요

아이들은 장난감을 사달라고 떼를 쓰게 마련이죠. 특별히 가르치지 않으면 돈도 헤프게 쓰기 쉽고요. 돈의 개념도 잘 모릅니다. 그래서 저는 환산해서 알려주었습니다. 만약 5만 원짜리 로봇 장난감을 사달라고 하면 그저 비싸서 안 된다고 하기보다 "이건 1,000원짜리 핫도그를 50개 살 수 있는 돈이야"라고 말해주었어요. 엄마가 특별한 날에만 사주는 핫도그를 50개나 사 먹을 수 있는 돈이라니, 얼마나 비싼지 확 와 닿을 수 있도록 말이에요.

아이들이 어렸을 때부터 경제를 쉬운 말로 풀어 설명해주곤 했어요. 절약뿐만 아니라 수요와 공급, 감가상각, 화폐, 투자 등의 개념에 대해 알려주었습니다. 아이들에게 정말 필요한 것은 영어나 수학이 아니라 경제 교육이라고 생각해요. 경제 교육은 지금도 진행 중입니다. 큰아이가 열두 살이지만 아직 스마트폰을 사주지 않았답니다.

식비 아껴서 하루 1만 원으로 살기

이렇게 아이들 학원도 안 보내고 옷도 안 사 입히고 장난감은 물려받아 쓰며 육아에 들어가는 돈을 아꼈지만, 줄이기 힘든 것이 있죠. 바로 식비입니다. 아이들은 잘 먹여야 하니까요. 월수입 250만 원 중에 저축이 125만 원, 고정지출이 100만 원 남짓이었으니 사실 쓸 수 있는 돈은 20~30만 원 정도였어요. 그래서 하루를 1만 원 이하로 살아야 했답니다. 사실 하루에 5,000원으로 사는 것을 목표로 했던 적도 있어요. 하루 1만 원으로 살기를 위해 식비 아끼는 법을 소개합니다.

1. 가격 폭락하는 식재료를 찾아서

저는 제철에 난 저렴한 식재료 위주로 구입했습니다. 과일을 사러

시장에 가면 어떤 날은 토마토가 많이 들어왔다고 토마토가 싸고, 또 어떤 날은 참외가 저렴합니다. 농사에는 풍년과 흉년이 있고, 기사만 몇 개 검색해봐도 어떤 식재료가 싼지 알 수 있어요. 굳이 비싼 식재료를 구입할 이유가 없죠. 게다가 저는 시가가 해남이라서 겨울에 갈 때마다 상품성이 떨어져 버려진 배추를 수십 포기씩 주워와 배추 요리를 즐겨 해 먹었습니다.

2. 고기는 인기 없는 부위로

전 세계에서 우리나라만 돼지고기의 삼겹살과 목살이 비싸다고 합니다. 수요와 공급의 원리 때문이죠. 우리나라 사람들은 삼겹살과 목살을 선호하니까요. 그래서 저는 남들이 잘 사지 않는 부위를 공략했어요.

- 돼지껍데기: 5인 가족이 먹기에 1,000원어치면 충분합니다.
- 돼지 등뼈: 1킬로그램에 3,000원대밖에 안 해요. 감자탕을 비롯해서 등뼈곰탕, 등뼈갈비찜까지 응용이 가능합니다. 등뼈곰탕은 본 적도, 먹어본 적도 없는 음식이지만 제가 개발한(?) 요리랍니다.
- 앞다리살: 가장 애용한 부위입니다. 재래시장에 가면 1.8킬로그램짜리를 1만 원에 살 수 있어요(동네 정육점은 조금 더 비

싸더라고요). 간장이나 고추장을 넣고 불고기를 해 먹을 수도 있고, 찌개에 활용할 수도 있습니다.

3. 엄마표 삼각김밥

남자아이들이 셋이나 되니 간식비가 많이 들지 않느냐고 물어보는 사람이 많은데요. 철저히 절약을 할 때는 아이들이 배가 고프다고 하면 간식을 주는 것이 아니라 밥을 주었어요. 덕분에 아이들은 뭐든지 잘 먹고, 유치원이나 학교에서도 밥을 잘 먹는 아이들로 자랐습니다.

초등학생이 되니 친구들과 어울리면서 삼각김밥을 좋아하더라고요. 하나에 1,000원 가까이 하는데 하나로는 양에 안 차서 두 개는 먹더군요. 그래서 삼각김밥 틀과 김밥용 김을 사서 집에서 만들어주기 시작했어요. 파는 것보다 훨씬 맛있다고 좋아한답니다. 아이 친구들에게도 만들어주고요. 아이들이 우리 엄마는 삼각김밥도 만들어준다고 자랑스러워해요.

4. 라면 대신 국수, 자장면 대신 수제비

외식은 거의 안 하고 배달 음식도 시켜 먹지 않는 대신 집에서 국수와 수제비를 자주 해 먹는답니다. 밖에서 사 먹으면 5,000원은 하지만 직접 만들어 먹으면 돈이 거의 안 들거든요. 굳이 바지락이나 애호박을 사다가 넣을 필요는 없어요. 냉장고 안에 들어 있는 재료만 넣고, 넣을 게 없으면 아무것도 안 넣어도 괜찮습니다.

우리 집에서는 라면이나 자장면이 아니라 국수와 수제비가 별식이랍니다.

5. 외식도 실속 있게

어쩌다 외식을 하면 남는 음식은 꼭 싸가지고 온답니다. 돈도 돈이지만 음식이 버려지는 게 아까워요. 또 가급적이면 두부요리 전문점에 가는데요. 몸에도 좋고 비지도 얻어 올 수 있거든요. 식사를 마치고 나오면 비지가 동이 나는 경우도 있어서 들어갈 때 미리 챙기기도 한답니다.

이렇게 열심히 돈을 아끼고 살았지만 아끼지 않았던 것이 두 가지 있습니다. 첫 번째는 독서, 두 번째는 투자였어요.

절약만이 희망, 공부만이 살길

가난을 벗어날 수 있다는 희망의 증거, 독서

저는 직업도 없고 돈도 없었습니다. 세 아이를 키우면서 할 수 있는 일도 없었고요. 다만 책 읽는 것은 할 수 있었어요. 아이를 안거나 업고도 할 수 있는 일이니까요.

독서는 답답한 집 안에서 세상과 소통할 수 있는 유일한 길이었고, 책은 가난을 벗어날 수 있다는 희망을 주는 산소호흡기 같은 존재였습니다. 책을 살 여유가 없었기에 늘 도서관에서 빌려 읽었는데, 남편과 아이들 명의의 대출카드까지 동원해 한 번에 열 권 가까이 빌렸습니다. 이렇게 여러 권을 빌리다 보니 반납할 때 누락되지 않도록 사진을 찍어놓았어요. 그렇게 찍어놓은 사진들이 이렇게 인증샷으로 쓰이게 될 줄이야.

젖을 먹고 잠든 아이를 품에 안고서 로버트 기요사키의《부자 아빠 가난한 아빠》를 읽으며 투자 마인드를 배웠고, 그 밖에도 돈에 관련된 책이라면 경매, 아파트, 토지, 상가, 주식, 환율 등등 분

다른 모든 것을 아끼면서도 절대 아끼지 않았던 두 가지는 바로 투자 공부와 독서였다.

야를 가리지 않고 모조리 읽었습니다.

책을 읽으니 비로소 안개가 걷히고 눈앞이 환해지는 기분이었습니다. 아파트 전세와 매매 가격이 미친 듯이 오른 이유, 내 펀드가 반토막이 난 이유, 월급 빼고 다 오르는 물가의 비밀을 독서를 통해 알아냈습니다. 바로 인플레이션의 비밀을요.

금리가 낮아질수록 시중에는 유동성이 커지고 화폐량이 늘어납니다. 미국은 금융위기 이후 경기 부양을 위해 양적 완화를 이용해 달러를 천문학적으로 찍어냈습니다. 그렇게 해서 많은 사람들이 진 빚을 가치 없게 만들어 갚기 쉽게 만드는 거죠.

내 통장에 있는 돈은 그대로인데 화폐를 계속 찍어내고 있다는 사실이 충격이었습니다. 짐바브웨라는 나라는 달걀 세 개를 사기 위해 100조 달러가 필요할 만큼 살인적인 인플레이션에 시달렸다는 사실도 알게 되었죠. 모두 경기 침체를 극복하겠다고 무분별하게 돈을 찍어낸 결과였습니다.

짐바브웨 100조 달러 지폐의 시장 가치는 우리나라 돈으로 400원 정도였지만, 현재 행운의 화폐가 되어 나날이 가치가 오르고 있다.

인플레이션의 무서운 교훈을 잊지 않기 위해 짐바브웨 100조 달러를 구입해 지갑에 넣고 다녔습니다. 2012년에 5,000원 정도 주고 구입했는데 지금은 10만 원 이상에 거래되고 있습니다. 구입한 지 7년 만에, 사용 중단이 된 화폐가 무려 스무 배나 올랐습니다. 가격 결정 요인은 수요와 공급임을 다시 한 번 깨달았습니다.

그래서 마트 대신 부동산에 갔습니다

하물며 집은 어떨까요. 짐바브웨 화폐야 있어도 그만 없어도 그만이지만, 대한민국에 집 없이 살 수 있는 사람이 있을까요? 부동산에 투자해야겠다고 생각했습니다. 내 집 마련이 일차 목표였지만 투자해서 이익을 낸다면 내 집 마련이 훨씬 빨라질 테니까요.

매매 가격과 전세 가격의 차이가 적으면서 입주 물량이 부족해 향후 전세 가격이 상승할 만한 지역을 선정해 투자를 시작했습니다. 아이들을 업고 부동산 중개소에 가면 젊은 새댁이 힘들겠다며 모두 친절하게 대해주었습니다. 모르는 게 있으면 자세하게 알려주었고요. 마음 편하게 집 보고 오라며 아이들을 돌봐주시는 소장님도 계셨습니다. 그러면 우리 부부는 실장님과 함께 집을 보고 왔죠.

아이들이 있어서 힘들었던 게 아니라 아이들이 있어서 유리하고 힘이 되었습니다. 아무리 투자 공부를 열심히 했어도 처음에는 서툴고 수익도 좋지 않았지만 시간이 지날수록 잘못한 점을 깨달아가며 서서히 나아지기 시작했습니다.

큰아이가 일곱 살 때, 4년 만에 드디어 곰팡이 핀 빌라에서 벗어날 수 있었어요. 초등학교 입학을 위해 다른 동네 아파트로 이사를 했습니다. 부동산 공부를 하며 계속 눈여겨보던 곳이었는데, '올 수리'가 된 아파트 1층을 2억 원에 살 수 있었습니다. 전세가와 매매가가 거의 같으니 '바닥'이라고 확신할 수 있었습니다. 당시 전세 시세가 1억 9,000만 원 정도였거든요.

2억 원짜리 집에 대출을 1억 3,500만 원 받았고, 저희 돈은 6,500만 원이 들었답니다. 현재 시세는 로얄층 기준으로 3억 원 정도니 5,000만 원 정도 올랐다고 볼 수 있겠죠. 4년 동안 5,000만 원이니 많이 오르지 않은 것일 수 있습니다. 그런데 어느 날 아이가 이런 말을 하더군요.

"엄마, 집을 사는 건 무조건 이익이야."

"왜?"

"이렇게 우리 가족이 실컷 쓰고 팔아도 그대로 받을 수 있잖아."

저는 큰 충격을 받았어요. 집값이 올라야만 이익이라고 생각했는데 아이 말이 옳았습니다. 물건은 사자마자 중고가 되어 가격이 떨어지지만, 집은 실컷 쓰고도 웬만해선 가격이 떨어지지 않으니까요. 심지어 가격이 배 이상 오르기도 합니다. 제가 산 세종시 아파트처럼요.

부동산 투자는 타이밍입니다

세종시를 선택한 이유들

오래된 아파트에 살다 보니 새 아파트로 이사 가고 싶은 마음이 굴뚝같았지만 제가 살고 있던 대전 둔산동에는 그런 아파트를 찾아보기가 힘들었어요. 그래서 세종시로 눈을 돌렸습니다. 세종시의 아파트 분양권은 3억 원에 형성되어 있더군요. 당시 대전의 '대장주'인 도안신도시 7블록 아파트는 4억 원이 조금 넘었어요. 연식도 오래되고 직주 근접의 원칙에도 맞지 않으며 학교와 도서관 등 기반시설이 좋지 않은 데다 개발이 거의 끝난 신도시라 호재가 생길 것 같지 않았습니다. 앞으로는 도안신도시보다 세종시가 더 가격이 높아질 거라고 내다봤습니다.

참고로 세종 행복도시의 특별한 점이 있다면 원룸 부지, 빌라 부지가 전혀 없다는 점입니다. 법적으로 허가가 나지 않아 지을 수가 없어요. 아마도 대한민국 최초이자 마지막이지 않을까 싶습니다. 혼자 거주할 수 있는 주택 유형은 1층에 상가가 있는 오피스텔뿐이에요. 오피스텔은 관리비가 비싸고 월세도 저렴하지 않아서 주로 이전한 기관 공무원들과 교사 등이 거주합니다.

도안신도시와 다르게 세종 행복도시는 아파트 모든 동마다 복합 커뮤니티센터가 있고, 주민센터와 문화시설, 체육시설, 도서관이 도보권에 있으며, 모든 초등학교에 단설 유치원이 있습니다. 공립 어린이집도 많아서 미취학 아동은 거의 돈을 들이지 않고 키울 수 있어서 저희 집 같은 다자녀 가정이 많이 거주하고 있어요.

세종시를 선택한 것은 잘한 일이었습니다. 2016년 3억 원에 아파트 분양권을 매수했는데 현재는 7억 원으로 올랐으니까요. 도안신도시라는 비교표준지를 선정해놓고 비교했던 것이 주효했습니다.

초기 신도시를 노린 것도 잘한 선택이었고요. 아이들 학교 문제며 이런저런 이유로 고민하다 타이밍을 놓칠 수도 있었지만, 가격이 오른다는 확신이 서자 재빨리 실행에 옮겼거든요.

신도시 초기에는 분양 가격이 저렴하지만, 인구가 매우 적고 시골이 아닌 이상 대부분의 신도시는 시간이 지날수록 성숙되고 모든 사람이 살고 싶어 하는 지역이 됩니다. 지방이라도 신도시, 혁신도시를 잘 분석한다면 저렴한 가격으로 내 집 마련을 할 수 있어요.

제2의 인생을 살게 해준 부동산 공부

부동산 투자는 타이밍입니다. 저도 타이밍을 놓쳐서 두고두고 후회한 적이 많습니다. 마곡지구의 아파트를 놓친 일, 광교를 놓친 일, 미사신도시를 저렴하다고 생각만 하고 매수하지 않은 일, 물량이 많다는 이유로 동탄제2신도시를 가보지도 않은 일⋯. 그 밖에 돈 되는 아파트를 살 수 있는 수없이 많은 기회들을 스쳐 보냈습니다.

하지만 후회될수록 더 열심히 책 읽고 강의 들으며 공부하고 모의투자를 해가며 분석하면서 부동산에 대한 관심을 놓지 않았습니다. 그 시간들이 있었기에 저는 여러 채의 집을 가진 임대사업자가 될 수 있었답니다.

아끼고 공부하고 투자한 시간들이 저를 베스트셀러 작가이자 재테크 강사, 방송인으로 만들어주었습니다. 아이 셋 키우는 전업주부가 남편 월급만으로 종잣돈을 만들고 투자에 성공하기까지 많은 이들의 도움이 있었습니다. 온라인 커뮤니티의 짠돌이 선배님들, 인생과 투자의 스승이 되어준 재테크 관련 책 저자들과 강사님들 모두 고마운 분들입니다.

지금은 그 고마움에 조금이나마 보답하고자, 그리고 저를 보며 또 다른 길을 찾고자 하는 분들을 위해 유튜브 채널을 열어 경제

유튜브 채널 〈김유라 TV〉.

공부와 자기계발에 도움이 되는 책을 소개하고 있습니다.

이 채널은 제게 한 달에 140만 원가량의 수입을 안겨주는 일석이조의 효과까지 있습니다. 절약과 부동산 투자 공부 외에 부수입 창출할 아이템을 찾는 분은 꼭 유튜브 채널 개설을 도전해보시면 좋겠습니다.

"부동산 투자는 타이밍입니다. 저도 타이밍을 놓쳐서 두고두고 후회한 적이 많아요. 하지만 후회될수록 더 열심히 책 읽고 강의 들으며 공부하고 부동산에 대한 관심을 계속 이어가세요. 그 시간들이 모여서 타이밍을 잡는 실전 감각을 갖게 해줄 것입니다."

궁상떨지 않고 우아하게 절약하는 법

아트임(임예슬)
슈퍼짠 5년차

누릴 거 누리면서 절약도 동시에, 두 마리 토끼를 잡은
'짠라밸 성공' 직장인

집 없는 설움을 딛고 마침내 내 집이

결혼 비용은 단 1,500만 원

2014년에 결혼할 때 저희 부부가 가진 돈은 3,500만 원이 전부였습니다. 저나 남편이나 직장생활을 한 지 오래지 않았거든요. 남편에게는 학자금 대출도 있었고 저는 대학 졸업 후 임용고시를 준비하다가 공부를 접었습니다. 그래서 전공을 살리지 못해 매우 적은 월급을 받고 일하고 있었어요.

1,000만 원을 대출받아 3,000만 원은 신혼집 보증금에 쓰고 나머지 1,500만 원으로 결혼 준비를 했어요. 결혼식에 들어가는 비용은 양가에서 절반씩 부담해주셔서 그나마 숨통이 트였습니다. 예단비는 없었습니다. 예물도 아울렛 매장에서 시계 하나씩 사고, 백화점에서 행사하는 귀고리와 목걸이 세트를 샀어요. 반지는 커플링으로 끼고 다니던 은반지가 있어서 생략했고요. 신혼집은 작은 데다 대부분의 가구가 옵션이라 가구나 가전제품에 들어간 돈

은 많지 않았습니다.

위기가 동기가 된 경매 공부

남편이 일하던 지역이 경기가 좋을 때라 전세도 씨가 마르고 집값도 계속 오르는 상황이었죠. 무리해서 대출을 받아 전세로 가기보다는 월세가 낫다고 생각해 3,000만 원에 월 30만 원으로 집주인과 직접 계약했어요. 반전세 개념이었죠. 그런데 상황이 역전되더군요. 2년 만에 집값이 하락하고 미분양 아파트에 마이너스 프리미엄까지 속출했어요. 그래서 재계약 시점에는 월세를 5만 원 깎을 수 있었답니다.

그리고 나서 반년 만이었어요. 지역 온라인 커뮤니티에 세입자들의 보증금을 들고 잠적한 부부를 찾는다는 글이 올라왔는데, 바로 우리 집주인이었던 겁니다.

"너희 집만 전세로 주고 다 월세다"라는 거짓말로 전세보증금을 받아서는 만기가 되어도 돌려주지 않고 있다는 내용이었습니다. 피해자는 160가구가 넘었습니다. 연락 두절인 집주인 휴대전화 번호도 여섯 개나 됐고요.

우리처럼 어렵게 사는 사람한테 왜 이런 일까지 생기는지 가슴이 답답하고 슬펐습니다. 그나마 다행이라면 다른 피해자들에 비해 보증금이 적다는 점이었어요. 저희만 월세였고 다들 전세였거든요.

결국 경매로 넘어갈 상황이라 모르고 당하는 것보다는 알고 당하는 게 낫겠다 싶어 경매에 대해 공부했습니다. 부동산 관련 책들도 보기 시작했고요. 위기를 발판 삼아 부동산에 대해 철저히 공부하자고 마음을 다잡았습니다. 집 없는 설움을 넘어 반드시 내 집을 가져야겠다는 의지도 불타올랐습니다.

종잣돈 5,200만 원으로 마련한 집

경매 물건을 보고 아파트 매물도 보기 시작했습니다. 그러다가 한 아파트가 눈에 들어왔습니다. 남동향에 중층이었고, 2년 된 신축 아파트였습니다. 가격도 내려 분양가나 다름없었고요. 직접 가보니 '이 집은 내 집이다' 싶었어요. 마음에 쏙 들었습니다.

저희에게는 그동안 모은 5,200만 원이 있었습니다. 처음 받은 대출 1,000만 원은 1년 반 만에 다 갚았고, 수입의 50퍼센트를 저축해서 3년 동안 모은 돈이었어요. 물론 집을 사기에는 턱없이 부족한 돈이라 디딤돌 대출을 받았습니다. 부부 합산 소득이 연 6,000만 원 이하이면 받을 수 있는 대출로 이자가 2~3퍼센트로 매우 저렴합니다. 저희는 2.15퍼센트에 30년 원리금 균등 상환으로 집값의 70퍼센트를 대출받았어요.

그래도 돈이 모자랐습니다. 월세 보증금을 바로 뺄 수 없는 상황이기에 시어머님께 돈을 좀 빌리고 제 보험으로 약관대출도 받아 아파트 계약을 했어요. 제 명의였고 저만 전입신고를 했죠. 신혼집은 계속 거주(점유)해야 하기 때문에 계약자인 남편의 주소는 그대로 두고요.

신혼집 보증금은 나중에 소액 임차인 우선 변제로 보증금을 돌려받을 수 있었지만 전액이 아니라 반액이었습니다. 속이 쓰렸지만 덕분에 큰 경험을 했다고 생각하기로 했습니다.

새 집으로 이사 와서 가장 좋았던 것은 단지 안에 헬스장이 있다는 점이었어요. 전에는 운동을 싫어했지만 30대에 접어드니 건강을 신경 쓰지 않을 수 없더라고요. 가구당 월 1만 원으로 러닝머신이며 자전거, 각종 근력운동 기구들을 마음껏 사용할 수 있으니 횡재한 느낌이었습니다.

이사 와서 지금까지 거의 2년간 운동을 한 덕분인지 비염이 심한 편인데 훨씬 완화되었어요. 이제는 약 없이도 잘 지내고 있답니다.

우리 부부가 잘 먹고 잘 사는 법

우리 집 소득은 남편과 제 수입을 합쳐서 400만 원대 초반이고, 소득의 50퍼센트를 저축하고 있어요. 대출 원리금은 매달 52만 원씩 갚고 있고요.

식비 절약과 식생활 개선을 함께

절약은 그저 아끼는 게 아니라 현명하게 소비하는 것이라고 생각합니다. 전에는 무조건 소비하지 않는 것이 최선이라고 생각했는데 좀 더 효율적으로 아끼는 방법이 있더라고요. 가령 고기는 100그램당 1,000원 미만인 돼지 앞다리살을 주로 구입합니다. 고기를 좋아하는 남편도 〈지방의 배신〉이라는 다큐멘터리를 보고 나서는 삼겹살을 선호하지 않게 되었어요. 우리나라는 유독 지방이 많은 부분을 선호하는데 유럽에서는 그런 고기가 좋지 않게 여겨진다고 해요. 소고기도 우리나라는 마블링이 많은 걸 선호하지만 그것이 기름이고 지방이거든요. 그래서 저희는 건강을 위해, 또 돈을 아끼기 위해 비인기 부위를 구입해 먹습니다. 냉동식품은 온라인 쇼핑몰의 앱을 활용하면 시중보다 훨씬 저렴한 가격에 구입할 수 있습니다.

고기는 포기할 수 없
다는 남편을 위해 만
든 요리들.

하지만 기본적으로 장을 많이 보지 않아요. 그때그때 먹을 것
만 구입합니다. 안에 어떤 음식이 있는지 냉장고 문에 써서 붙여
놓지만 양이 많지 않아 머릿속에 다 들어 있습니다.

외식은 거의 하지 않는 대신 한 주 동안 요리한 음식을 사진으
로 찍어서 기록으로 남깁니다. 사진들을 보면 참 뿌듯하더라고요.
'그동안 열심히 먹고 살았구나!' 하고요.

입장이야, 데이트야?

그렇게 한 주일 잘 먹고 살면 주말에는 남편과 데이트를 즐깁니
다. 아직 아이가 없어 같이 재테크 강의를 듣거나 현장 답사를 다
닙니다. 얼마 전에는 부산으로 나들이를 다녀왔어요.

남천동 삼익비치타운 아파트가 저희의 데이트 장소였답니다. 봄이면 벚꽃이 만개해 부산의 명소가 된다는 아파트. 많이 들어 봤지만 직접 가보니 왜 좋은지 알겠더군요. 광안대교가 보이고 서른세 동이나 되는 대단지 아파트에 초등학교가 바로 옆에 붙어 있었습니다. 해변과도 가까워서 산책하는 분도 많았습니다. 재건축이 되면 어떤 모습일지 상상하며 데이트도 하고 공부도 하는 효과를 누렸답니다.

책을 읽을수록 책이 생기다

책 읽기를 좋아하면 서평 이벤트에 참여하세요

주말에는 데이트 겸 부동산을 보러 다니고 평일에는 직장을 다니느라 도서관에 가는 게 쉽지 않습니다. 그리고 제가 보고 싶은 부동산이나 재테크, 금융 관련 신간은 도서관에 잘 구비되지 않기도 하고요. 신청을 하면 책이 구비될 때까지 시일이 또 걸리죠. 시간이 지나면서 정책이 바뀌고 시장 흐름도 바뀌니 이런 책들은 빨리 읽어줘야 해요.

저는 한 달에 한두 권씩 책을 사서 읽고 블로그에 후기를 남깁니다. 이렇게 서평이 쌓이다 보니 서평단 이벤트에 자주 당첨되어 무료로 책이 생기더군요. 대부분은 응모를 하지만 간혹 서평을 써달라는 쪽지가 오기도 합니다. 그렇게 책을 읽고 판매가 가능한 책은 팔아서 그 돈으로 다시 책을 사 읽습니다.

블로그 운영으로 부수입까지 챙기세요

블로그 운영으로 저는 광고 수입도 얻고 있답니다. 조회수나 포스트 개수 등에 따라 포털사이트의 '애드포스트' 광고가 붙는데요. 최소 90일 이상 운영, 전체 공개 포스트 한 개 이상 등의 조건을 갖추면 광고가 붙습니다. 포스트를 작성할 때 '검색'이나 '외부 수집' 옵션을 '허용'으로 설정하면 더 많은 사람들이 방문하겠죠.

저는 애드포스트로 한 달에 몇천 원에서 많게는 몇만 원까지 벌고 있어요. 파워블로거도 한 달에 광고 수입이 15만 원선이라고 하니 큰 수입은 아니지만 책을 사서 보기에는 충분해요. 포털 사이트의 적립금이나 현금으로 지급되는데요. 여기에 온라인 서점에서 매달 무작위로 주는 쿠폰을 다운받고 출석 체크를 하면 주는 적립금을 보태면 실제로 결제하는 금액은 얼마 안 된답니다.

온라인 중고서점에서 신간을 사서 읽기도 하고요. 갓 출간된 따끈따끈한 책도 많이 올라오거든요.

아끼는 삶의 오아시스, 여행과 문화생활

문화생활은 할인 쿠폰을 적극 활용해요

저는 예술에 조예가 깊지는 않으나 감상하는 것을 좋아해서 미술 관이며 박물관을 즐겨 방문합니다. 울산에 살 때는 울산박물관, 고래박물관, 외고산 옹기마을을 자주 갔어요. 대도시로 갈수록 입 장료가 저렴하거나 무료인 곳이 많은데 저는 문화적 혜택이 적은 도시에 살지만 나름대로 알차게 이용하고 있답니다.

얼마 전에는 서울에서 친지 모임을 가졌는데요. 국립현대미술 관을 함께 관람했어요. 해피포인트 앱에서 50퍼센트 할인 쿠폰을 발급받아 반값에 입장할 수 있었습니다. 백화점 카드로도 30퍼센 트 할인을 받을 수 있더군요. 다 같이 할인받아서 재미있게 관람 했습니다.

국내 여행 갈 땐 그린카드 챙기세요

가끔씩 여행도 간답니다. 전에는 혼자 아등바등 사는 것 같고 궁 상을 떠느라 일상의 기쁨을 누리지 못하는 것 같았어요. 하지만 나에게 맞는 절약 방법을 찾고 문화생활과 여행에도 시간과 돈을 안배하면서 삶의 질이 높아졌습니다. 스트레스 받지 않고 즐기면서 아끼고 있지요. 대신 여행을 가도 그냥 가지 않고 최대한 아낄 수 있는 방법을 열심히 찾아보고 갑니다. 그렇게 해서 알아낸 것이 에코머니인데요.★ 그린카드를 발급받을 수 있습니다. 체크카

★ 에코머니란? ECOMONEY ★

에코머니 제휴카드(그린카드, 에코마일리지카드)를 발급받아 에너지 절약 및 다양한 친환경 활동 시 경제적 혜택으로 돌려주는 포인트 리워드 서비스.

* 포인트 적립 방법
1. 대중교통, 쇼핑, 학원 등 제휴상품 서비스 이용 시 카드 실적금액에 따라
2. 친환경 인증제품을 구매하거나 제휴 가맹점 이용 시
3. 탄소포인트제 동참 시(환경부 및 각 지자체)

* 포인트 사용 방법
1. TOP포인트로 전환
2. 현금으로 캐시백
3. 이동통신 요금, 대중교통 결제
4. 상품권 교환
5. 친환경 기부

그린카드
제휴 스티커

제휴 스티커가 있는 전국 관광·문화 시설(국립공원, 자연휴양림, 지자체 시설) 출입구에서 그린카드를 제시하면 무료 입장 또는 할인을 받을 수 있다.

(출처: 에코머니 홈페이지 http://www.ecomoney.co.kr)

드, 신용카드 모두 연회비가 없습니다. 그린카드는 여러 혜택이 있지만 특히 국내 여행 시에 요긴해요.

가령 제주도 여행을 가면 만장굴이나 성산일출봉 등 유명 관광지 입장료에 돈을 꽤 쓰게 됩니다. 혼자서 한 곳만 들르는 게 아니라 여러 명이 여러 곳을 들르기 때문에 비싸지 않은 입장료라고 해도, 모이면 무시하지 못할 돈이 되죠.

제주도뿐 아니라 각 지자체별로 할인되는 관광지가 많은데요. 무료인 곳도 있어요. 그린카드로 결제하면 자동으로 0원이 청구됩니다. 단, 카드 한 장에 한 명만 할인받을 수 있어서 여러 명이 가면 각자 그린카드가 있어야 해요.

문화생활이나 여행 없이 매일매일 똑같은 날들이라면 행복을 어디에서 찾을까요? 그래서 저는 외식은 안 해도 문화생활은 합니다. 물론 더 절약하면 더 빨리 돈을 모을 수 있겠지만 단기간에 끝내고 말 게 아니라 장기전이기에 저만의 속도대로 즐겁게 가고 있답니다.

돈을 아끼며 꿈을 벌고 있습니다

삐약이(윤지윤)
슈퍼짠 3년차

일러스트 작가를 꿈꾸며 돈 안 드는 육아의 전문가로 성장 중인
당찬 엄마

"작가를 꿈꾸는
무수입 남편과 나, 함께
절약으로 이겨내는
중입니다"

남편의 사업 실패로 어쩔 수 없이 짠순이가 되다

남편은 명동에서 음식점을 운영하고 있었습니다. 남편 식당에 인테리어를 하러 갔다가 그를 만나서 6개월 만에 결혼을 했네요. 커리어를 충분히 쌓고 싶었기에 서른다섯 살쯤 결혼할 계획이었는데 그의 저돌적인 구애로 5년이나 빨리 하게 됐지요.

1,000만원이던 월세를 두 배로 달라는 건물주

결혼할 즈음에는 장사가 잘 안 됐어요. 월 매출이 8,000만 원에서 1억 원을 넘나들던 때도 있었지만 경기가 좋지 않아 매출이 점점 떨어졌습니다. 그래서 남편은 양도를 결심했고, 양수인으로부터 잔금만 받으면 되는 상황이었어요. 그런데 건물주가 바뀌었습니다. 새 건물주는 1,000만 원이던 월세를 2,000만 원으로 올리겠다고 했습니다.

그 바람에 양도 계약이 파기될 위기에 처했어요. 월 2,000만 원은 누가 봐도 터무니없는 금액이었습니다. 남편은 한참 나이 어린 건물주를 매일같이 찾아가 월세를 내려달라고 빌었고 저 역시 태어날 아기를 봐서라도 사정을 봐달라고 애걸했습니다. 하지만 건물주는 끝까지 고집을 굽히지 않았어요.

결국 양도 계약은 파기되었습니다. 어이없게도 건물주는 그제야 과한 금액이라는 사실을 인정하고 원래대로 월세를 받겠다고 했습니다. 남편은 다른 양도인을 구해보기 위해 건물주와 임차계약을 연장했지만, 매출이 더 떨어지는 바람에 결국 보증금도 모두 사라져 돈을 들여 철거(원상 복구)까지 하고서 그곳을 나와야 했습니다.

제 인생에서 정신적으로 가장 괴롭고 비참했던 순간입니다. 여러 가지 생각이 머릿속을 맴돌았죠. '곧 아기도 태어나는데 이처럼 매정하게 길바닥에 나앉게 할 수 있나.' '결국 돈이 전부구나.'

건물주 상대로 소송을 위해 대형 로펌에 진행을 맡겼지만 변호사한테 돈, 시간, 감정 낭비만 하고 승산이 없어 보여 중간에 포기했어요. 결국 남은 것은 7년간 사업을 확장하면서 생긴 빚뿐이었죠.

새로운 꿈, 새로 생긴 원칙

사업에 실패한 사람들에 관한 무서운 소식들이 들려올 때마다 남

편이 나쁜 선택이라도 할까 봐 두려웠습니다. 그래서 저부터 긍정적인 마음을 갖고 새롭게 시작했습니다. 그리고 남편의 오랜 꿈이었던 작가의 길을 응원했습니다. 현재 남편은 친구의 작업실로 매일 출근하며 웹툰을 그리고 있습니다. 아직 수입은 '0원'입니다. 하지만 그의 꿈을 지지하면서 어떻게든 버텨내고 있어요. 이 견딤의 시간이 지나면 저희에게도 좋은 날이 오겠지요. 이런 과정으로 생각지도 않게 짠순이가 된 저에게는 원칙이 생겼습니다.

첫째, 무료로 제공되는 것은 적극적으로 찾아 어떻게든 받는다.

둘째, 쓰레기도 낭비다. 쓰레기는 만들지 않는다.

셋째, 물건은 무조건 중고를 이용하거나 구매를 참는다.

넷째, 좋은 날이 꼭 오리라고 믿는다.

집을 이사한 것도 그래서였어요. 월세가 너무 비싸 계약이 만료되기 전에 온라인 방 구하기 사이트에 올려 이사 비용만 들여 집을 옮겼습니다. 만삭이었지만 짐도 직접 쌌죠.

이사한 집은 더 넓고 전세가도 저렴했지만 구석진 곳에 있고 오래되어 낡은 상태였습니다. 그래서 집을 수리해야 했어요. 우선 곰팡이가 생긴 베란다와 천장에 실리콘과 페인트 작업을 했고, 낡은 형광등을 LED등으로 교체했습니다. 체리색 방문과 몰딩은 흰

색 페인트로 칠하고 도배도 새로 했습니다.

거실은 커튼 값이 너무 비싸서 2만 원도 안 되는 이케아 제품으로 설치했고, 아기를 위해서는 암막 커튼이 좋다기에 당근마켓에서 1만 원 주고 산 중고 암막커튼을 안방에 달았어요. 당근마켓은 지금까지 유용하게 활용하고 있답니다. 쓰지 않는 물건을 팔아 335,000원을 벌기도 했지요.

남편과 함께 이 모든 일을 하고 나서 일주일 후에 출산을 했습니다. 그 아이가 지금 첫돌을 맞았는데요. 아이를 임신하고 낳아 키운 2년 가까운 동안 제가 얻은 절약 노하우를 소개할까 합니다.

임신·출산 비용 아끼기 대작전

예비 엄마라면 잊지 말고 챙기세요

1. 임산부 배지 꼭 받으세요

임산부 배지는 대중교통을 이용할 때 유용하죠. 보건소에서 꼭 받으세요. 또 한 가지, 임신확인서(또는 임신진단서)를 지참하고 레츠코레일 홈페이지나 기차역에서 임산부 등록을 하면 KTX 특실을 일반실 가격으로 예약할 수 있습니다.

2. 산부인과 검사는 최소한으로

특별히 이상이 있지 않다면 산부인과에서 권하는 모든 검사를 받을 필요는 없습니다. 정부에서 지원해주는 검사만 받아도 충분해요. 보건소에서 받을 수 있는 검사는 미리 다 받으면 좋습니다. 모성 검사는 필수인데 병원에서 받으면 10만 원도 넘는 비용이 든답니다.

출산 후에는 아기도 검사를 하는데 이 역시 최소한으로 하면 됩니다. 저는 보건소에서 무료로 해주는 검사만 했어요. 이렇게 하면 출산 시 나라에서 주는 바우처를 목돈으로 사용할 수 있답니다.

3. 출산 후 영양제는 맞지 않는다

대부분의 병원에서 출산 직후 산모에게 영양제를 맞도록 합니다. 산모가 정신없는 틈을 타 배우자에게 어떤 영양제를 선택할지 물어보는데, 남편들은 무조건 비싼 것을 선택할 확률이 높아요. 마치 영양제 가격이 사랑의 척도라도 되는 양. 그래서 저는 남편에게 미리 말해두었습니다. 영양제 맞을 돈으로 차라리 소고기를 사 먹겠다고요.

4. 6인실 사용해도 괜찮아요

출산하고 병원에 입원을 하게 되는데 6인실은 무료입니다. 보통

왼쪽 영수증

환자등록번호	환자 성명	
47390	윤지윤아기	
진료과목	질병군(DRG)번호	
2진료실		

	항목	급여 본인부담금	공단부담금	전액 본인부담
	진찰료		540	
	입원료		98,410	
	식대	2,140	2,140	
기본항목	투약 및 조제료	행위료		
		약품비		
	주사료	행위료	1,414	
		약품비	236	
	마취료		400	
	처치 및 수술료		16,528	
	검사료		8,096	
	영상진단료			
	방사선치료료			
	치료재료대			
	재활 및 물리치료료			
	정신요법료			
	전혈 및 혈액성분제제료			
선택항목	CT진단료			
	MRI진단료			
	PET진단료			
	초음파진단료			
	제증명료			
	65세 이상 등 정액			
	정액수가(요양병원)			
	포괄수가진료비			
	합계	① 2,140	② 127,760	③
	상한액 초과금	⑧		
	요양기관 종류			

오른쪽 영수증

환자등록번호	환자 성명	
43998	윤지윤	
진료과목	질병군(DRG)번호	
2진료실		

	항목	급여 일부 본인부담 (본인부담금 / 공단부담금)	전액 본인부담
	진찰료	13,300	
	입원료	58,420	
	식대	17,130 / 17,130	
기본항목	투약 및 조제료	행위료 5,577	
		약품비 14,289	
	주사료	행위료 10,660	
		약품비 5,144	
	마취료		
	처치 및 수술료	660,322	
	검사료	79,224	
	영상진단료		
	방사선치료료		
	치료재료대	35,970	
	재활 및 물리치료료		
	정신요법료		
	전혈 및 혈액성분제제료		
선택항목	CT진단료		
	MRI진단료		
	PET진단료		
	초음파진단료		
	제증명료		
	65세 이상 등 정액		
	정액수가(요양병원)		
	포괄수가진료비		
	합계	① 17,130 ② 900,030	
	상한액 초과금	⑧	
	요양기관 종류	상급 · 보건기관	
	사업자등록번호	8303	
	사업장 소재지	구 방배로 234	2018

출산 시 병원 비용은 아기 몫까지 합해서 19,270원이 다였다.

1인실을 선호하기 때문에 병원에 따라서는 6인실을 이용해도 1인실처럼 사용할 수 있어요.

저는 임신 중 집에서 꾸준히 요가를 했고 요가 호흡법을 익혔습니다. 덕분에 병원에 도착한 지 2시간, 분만실에 들어간 지 40분 만에 자연분만에 성공했어요. 무통주사나 촉진제 등 어떤 약물도 사용하지 않았는데 호흡법을 공부한 것이 무척 도움이 되었답니다.

출산 비용은 2만 원도 안 들었어요. 아기 식대가 2,140원, 제 식대는 17,130원이 나왔더라고요. 퇴원할 때 아기가 입었던 배냇저고리를 반납하지 않아도 되더군요. 산후조리원도 마찬가지니 출산용품 준비할 때 배냇저고리는 사지 않아도 됩니다.

5. 출생신고 때 아동수당, 양육수당 같이 신청하세요

출생신고를 할 때 아동수당, 양육수당, 전기 요금 할인 등을 한 번에 신청하세요. 나중에 해야지 하고 있다가 잊어버리기 일쑤입니다. 지역마다 혜택이 다르니 출산축하금이 있는지도 잘 알아보세요(다산콜센터 120에 문자로 '○○구 출산축하금'으로도 확인 가능).

6. 아기 사진, 무료로 찍을 수 있어요

스튜디오 홍보를 위해 만삭 사진과 신생아 사진을 무료로 찍어주는 곳이 많아요. 컨디션이 좋다면 여러 군데에서 찍어 앨범을 받아보는 것도 좋습니다. 이용 후기를 작성하면 액자도 준답니다. 저는 세 군데에서 찍었어요. 한 곳에서 보통 두세 장씩 주니 그것만으로도 사진은 충분하더군요.

7. 분유는 샘플을 신청하세요

저는 모유 수유를 하고 있지만 혹시 분유가 필요하다면 분유 회사에 샘플 제품을 요청할 수 있고, 먹이던 분유가 맞지 않으면 남은 분유를 다른 회사에서 새 제품으로 바꿔주기도 한답니다.

8. 출산용품 중고 거래, 알림 설정 활용하세요

당근마켓이나 기타 중고 거래 애플리케이션을 사용할 때는 키워드를 등록해놓고 알림 설정을 하세요. 아기용품은 1분 만에 팔려버리기도 하거든요. 저는 알람 덕분에 아기침대를 무료로 받을 수 있었답니다. 기저귀는 그때그때 박스 훼손 상품이나 제일 싼 제품으로 구입해 쓰고요. 저는 이렇게 출산용품을 전부 무료로 준비해서 수백만 원을 아낄 수 있었답니다. 어떻게 그럴 수 있었는지 자세한 내용을 알려드릴게요.

경품, 이렇게 하면 100퍼센트 당첨된다!

산모교실에서 경품 받기 꿀팁

1. 일단 부지런히 다녀야 합니다

저는 '산모교실'로 인터넷 검색을 하거나 다이어리 등 관련 애플리케이션을 다운받아 갈 수 있는 곳은 다 신청하고 스케줄을 짜서 최대한 많이 갔어요. 산모교실을 선택하는 기준은 참석만 하면 주는 용품의 질과 양, 그리고 경품의 질이었습니다. 저의 목표는 유모차를 타는 것이었습니다. 매번 산모교실을 갈 때마다 남편에게 응원을 부탁했어요.

"여보, 나 유모차 받아 올게. 행운을 빌어줘!"

하지만 당첨이 되지 않는다고 실망하면 안 돼요. 태교에 좋지 않으니까요. 실망하지 않으려고 저는 배 속의 아기에게 이렇게 말하곤 했답니다.

"우리 아기는 아빠 닮아서 부처님이네. 무소유야."

하루에 두 군데를 가기도 할 만큼 열심히 다닌 끝에 결국 유모차를 획득했답니다. 열여덟 번째로 간 산모교실에서 수백 대 1의 경쟁을 뚫고 고급 유모차를 선물받았어요. 많이 가는 것도 중요하지만 선물을 잘 받으려면 요령이 필요해요.

2. 어떤 산모교실인지 기본 정보를 알고 가면 유리해요

"이번 산모교실이 몇 회째일까요?" 같은 퀴즈가 나올 때가 많으니까요. 또 나이가 많거나 적을 때, 또 출산 날짜가 임박했거나 자녀가 많은 경우 경품을 탈 가능성이 높아집니다. 저는 출산 날짜가 임박하다 못해 지난 분도 보았습니다. 금액이 적은 영수증이나 지폐를 많이 가져가도 좋아요. 지폐에 인쇄된 특정 숫자, 혹은 가장 적은 금액의 영수증을 가진 사람에게 선물을 주기도 하거든요.

적극적으로 손을 들거나 박수만 잘 쳐도 물티슈는 보장됩니다. 휴대용이 아니라 큰 것으로 준답니다. 수줍음이 많다면(제가 그랬어요) 활달한 사람 옆에 앉으면 유리해요. 보통 같은 테이블에 앉았거나 옆에 있는 사람에게도 같이 선물을 주거든요. 만일 몸이 힘들거나 교통이 불편하다면 조금 늦게 가서 출석 선물만 챙길 수도 있답니다. 거리가 먼 곳은 웬만하면 차를 두고 가고 무료 주차인지도 꼭 확인하세요.

산모교실은 짧지 않게 진행되고 주로 점심시간에 열리기 때문에 식사나 간식도 제공합니다. 그래도 저는 간식을 싸들고 다녔어요. 돌아다니면 배가 고픈데 임산부가 배고프면 안 되잖아요. 사먹으면 다 돈이고요. 입덧이 끝나고 좀 편해진 임신 6개월부터 출산 2주 전까지 산모교실을 다녔는데 성과가 많아 뿌듯했어요.

3. 설문조사, 이벤트 백배 활용하기

산모교실 외에 보건소나 공공기관에서 시행하는 설문조사나 이벤트에 참여하고 선물을 받을 수도 있어요. 저는 보건소에 빈혈검사를 하러 갔다가 설문에 응답하고 5만 원 상당의 신생아용품을 받았어요.

신청만 하면 100퍼센트 선물을 주는 이벤트도 많습니다. '임신 축하 선물', '무료 임신 출산', '임신 선물', '출산 선물', '출산 이벤

최강 한파를 뚫고 받아온 경품들. 유모차 등 큰 것 외에도 여름 아기바디슈트부터 수건까지 총 39종의 사은품을 받았다.

트' 등으로 인터넷과 애플리케이션에서 검색하면 됩니다. 임신 중에만 신청이 가능하고요.

아기보험은 여러 군데를 알아본 다음 공부해서 직접 설계했어요. 후처리를 잘해주실 분을 찾아 가입했고요. 제가 설계했으니 사은품을 더 달라고 부탁해서 카시트와 힙시트, 손수건, 식판 등을 받았답니다.

이렇게 받은 물건 가운데 더 큰 아이에게 필요한 물건은 지인의 돌잔치 때 선물하기도 하고, 음식은 명절 선물로 활용하기도 했답니다. 필요 없는 물건은 팔기도 했고요. 덕분에 돌이 지나도록 물티슈, 아기로션 하나 사지 않았네요.

오늘도 꿈을 위해 버팁니다

남편도 저도 생존을 위한 최소한의 돈만 씁니다. 아기는 잘 먹어야 하기에 이유식 재료를 100퍼센트 활용해서 집밥을 먹어요.

이유식 비용 아끼는 법

1. 이유식용 소고기를 사되 안심은 비싸니 우둔살을 구입합니다. 대신 지방을 제거할 때 다 떼어내지 않고, 조금만 제거해서 살이 붙은 지방은 저희 부부가 먹는답니다.

2. 아기가 이유식을 먹지 않으면 엄마가 먹어야 하니 식사는 무조건 아기 다음에 합니다.

3. 이유식에 사용하지 못하는 채소 줄기는 고기와 함께 볶아 먹습니다.

4. 유기농 식재료가 아니어도 회전이 빠른 가게라면 싱싱한 고기와 채소를 저렴하게 살 수 있어요.

5. 달걀은 노른자만 이유식에 쓰고, 남은 흰자로는 이유식에 못 쓴 브로콜리 줄기를 다져 넣어서 달걀찜을 해 먹습니다.

6. 식재료를 사면 이유식 만들 것은 냉동하고, 남은 것은 부부가 먹습니다. 식비가 많이 절약되더라고요.

7. 육수는 따로 만들어놓지 않고 그때그때 고기 삶은 물을 써요. 다시마 우린 물도 가끔 쓰고요.

8. 아기 과자로는 튀밥을 줍니다. 아기가 오래 먹을 수 있어요.

9. 아기에게는 과일 속살을 주고 껍질은 두툼하게 깎아 저희 부부가 먹습니다.

10. 먹을 양을 계산해서 정해놓고 먹습니다. 식비 절약은 기본에 다이어트까지 저절로 돼요.

꿈이 있기에 희망을 놓지 않아요

음식점을 접은 후 남편은 오랜 꿈이었던 웹툰 작가 데뷔를 위해 열심히 달려가고 있습니다. 요즘은 네이버 웹툰 '베스트 도전'에 〈우리에게 내일은〉을 연재하고 있어요. 이 작품이 좋은 평가를 받으면 작가로 데뷔해 정식 연재를 할 수 있습니다. 저는 다음 편이 나오면 늘 먼저 보여달라고 남편을 졸라대요. 정말 재미있거든요.

남편의 재능을 알고 있기에 수입이 없어도 견디고 있습니다. 아이 앞으로 나오는 양육수당과 아동수당 30만 원이 저희 집 수입의 전부입니다. 얼마 전에 아이 첫돌이었는데 열두 분을 초대해 10만 원으로 집에서 잔치를 했어요.

낭비 없이 정해진 식사를 하는 짠생활을 하니 결혼 전보다 줄

블로그 〈삐약이의 꿈테크 프로젝트〉

남편의 웹툰 〈우리에게 내일은〉

산 후 10킬로그램이 줄어 덕분에 인생 몸무게를 찍었네요.

쉽게 이룰 수 있는 꿈이 아니지만 긍정적으로, 될 때까지 하겠다는 마음으로 견디고 있습니다. 남편을 응원하며 저도 작가의 꿈을 찾았는데요. 블로그에 아이 키우며 사는 이야기를 그림일기로 올리고 있는데 공감해주시는 분들이 많아 큰 힘이 됩니다.

무조건 된다고 믿어요. 데뷔할 때까지 포기하지 않을 테니까요. 그날을 위해 오늘도 열심히 견디고 있습니다. 그렇게 어렵지만은 않아요. 아끼는 만큼 꿈에 투자할 수 있으니까요.

"힘들지만 최선을 다하고 있는 남편을 응원하기 위해, 나 스스로를 세우기 위해, 그리고 아이와 함께하는 성장을 기록하기 위해 저는 오늘도 독서하고, 도전하고, 절약하며, 그림을 그립니다."

12

푼돈
무서운 줄
알아야
부자 됩니다

완소남김머찐님(김응득)
슈퍼짠 9년차

스물일곱 살 새내기 아빠 시절부터 짠돌이 카페의 덕을
톡톡히 본 알짜 살림꾼

"아낄 게 많아서
행복한
남자랍니다"

돈 없어서 아이 못 낳는다고요?

저는 두 아이의 아빠입니다. 스물일곱 살에 결혼하고 첫아이를 낳았을 때 주위에서는 아이 키우려면 돈이 많이 든다고들 걱정하더군요. 돈이 없어서 아이 낳기 힘들다는 말도 들려옵니다. 하지만 두 아이 모두 아직 어리기 때문일까요? 그동안 아이를 키우면서 많은 돈이 들지는 않았습니다.

새내기 아빠를 위한 알뜰 육아 비법

1. 지역 맘카페 나눔으로 아기 옷 장만

아기가 태어나자 주위에서 내의며 기저귀, 아기용품 등을 선물해 주었고 옷이나 신발, 장난감도 친지나 지역 맘카페에서 나누는 것을 받아 사용했습니다. 아기 옷은 더럽거나 낡아서 못 입는 게 아니라 작아져서 못 입는 옷이라 상태가 다 훌륭했습니다.

2. 육아용품 박람회에서 샘플 받기

또 베이비페어 같은 육아용품 박람회에 참여하면 로션부터 물티슈, 간식까지 각종 샘플을 얻을 수 있기 때문에 한 번 다녀오면 한동안 잘 썼습니다. 기저귀나 분유 회사 홈페이지에 가입해도 샘플을 제공합니다. 체험단 행사도 자주 있고요.

3. 너무 비싼 분유 아니어도 괜찮아요

모유 수유를 했지만 필요할 때도 있어서 이마트 분유를 몇 번 먹였는데 저렴하고 영양 성분도 괜찮아 두 아이 다 잘 먹었습니다.

4. 기저귀는 천과 일회용 병행

기저귀는 천으로 된 것을 스무 장 구입해 삶아 썼고, 외출 시나 밤에 잘 때만 일회용 기저귀를 사용했습니다. 가격 비교하고 할인 쿠폰 적용해서 가장 저렴하게 구매했는데, 온라인 마켓마다 가격이 천차만별이라 번거로워도 꼭 비교하고 샀습니다. 다행히 용변을 빨리 가려 기저귀가 오래 필요하진 않았습니다.

5. 아이들 머리는 이발기로 직접 깎아줘요

미용실도 가본 적이 없습니다. 제 머리는 와이프가 깎아주고 아이들 머리는 어릴 때부터 집에서 제가 직접 깎아줬거든요. 솜씨가 늘어 지금은 그럭저럭 봐줄 만합니다.

6. 두 아이 교육비는 한 달에 20만 원

작은아이는 유치원만 다니고 있고 초등학교 2학년인 큰아이는 이것저것 하는 것이 많지만 한 달에 20만 원 정도 들어요. 방과 후 교실에서 독서논술, 바둑, 영어, 컴퓨터를 배우고 있고 태권도장에 다닙니다. 수학, 한자, 피아노, 미술은 집에서 엄마표로 합니다.

7. 옷은 중고시장과 재래시장에서 구입

옷이나 신발, 가방도 저렴한 것으로 사주고요. 재래시장에 가면 구제품을 파는 곳이 많은데, 중고지만 브랜드 신발을 3,000~4,000원이면 살 수 있고 옷도 5,000원에서 1만 원대에 브랜드 제품을 구입할 수 있습니다. 아이들이 커갈수록 좋은 옷을 입히고 싶은 게 부모 마음이죠. 하지만 제 돈 주고 사 입히기엔 부담스러울 때 이용하면 좋습니다. 새 옷인지 헌 옷인지 구분이 안 될 만큼 깨끗한 옷들이 많아요. 물론 어른들 것도 있습니다.

　큰아이 위주로 사서 작아지면 작은아이에게 물려 입히고 있는데 저희는 대구에 살아서 관문시장을 이용합니다. 두세 달에 한 번씩 가서 몇천 원짜리로 한 보따리씩 사들고 와 편하게 입힙니다. 한창 뛰어노는 남자아이들이다 보니 잘 해지기도 하더라고요.

8. 입학식 전 반짝 특가를 노리세요

딱 한 번 큰아이 초등학교 입학 선물로 비싼 가방을 사준 적이 있었습니다. 부모님께서 백화점에서 좋은 가방 사주라고 20만 원을 주셨는데 유명 브랜드의 인기 제품은 신발주머니 포함해서 14~16만 원대였습니다. 아내는 그냥 사주자고 했지만 초등학교 1학년 가방치고는 너무 비싸서 망설이다 집에 왔습니다. 온라인에서는 조금 쌀까 싶어 검색해보았지만 비슷하더군요.

결국 고민만 하다 구매를 못 했는데 오히려 다행이었습니다. 입학일이 다가올수록 가격이 떨어지더라고요. 대부분 입학하기 전에 책가방을 사기 때문에 더 이상 팔리지 않을 것 같으니 재고로 남아 이월상품으로 넘기기보다 싼 가격에 파는 것이겠죠. 결국 입학 이틀 전에 70퍼센트 세일가로 나온 네파 브랜드 신제품을 신발주머니 포함 5만 원에 구입할 수 있었습니다. 지금까지 잘 메고 다니고 있네요.

9. 중고가구도 조금만 손보면 쓸 만합니다

아이들 가구도 새로 산 것이 거의 없습니다. 책장과 서랍장은 아파트 분리수거장에서 쓸 만한 녀석으로 골라왔습니다. 책장은 오

단돈 6,000원으로 깨끗하게 손본 아이들 책장

래됐지만 튼튼한 원목이라 다이소에서 6,000원 주고 페인트와 붓을 구입해 말끔하게 칠하니 새것 같아졌고, 서랍장은 손볼 데 없이 멀쩡해서 깨끗이 닦아 쓰고 있어요. 아이들 카시트 두 대도 멀쩡한 것이 버려져 있기에 커버만 세탁해 잘 사용하고 있답니다. 기존에 사용하던 카시트도 중고지만 좋은 제품이었는데 더 좋은 것이더라고요. 책은 더 자주 가져오고요. 분리수거장은 보물창고 같습니다.

에너지 아껴서 관리비도 줄이고 돈도 받고

꼼꼼한 단열로 난방비 잡아요

얼마 전까지 20년 넘은 23평 아파트에 살았습니다. 섀시도 구식이라 겨울이면 웃풍이 심하고 많이 추웠습니다. 그래서 창문에 일명 '뽁뽁이'라고 불리는 단열용 에어캡을 붙이고 창문 틈과 방문 틈에는 문풍지를 붙였습니다. 현관에는 비닐로 된 문을 달았고요. 문을 열고 나가고 나면 자석이 붙으면서 저절로 닫히는 녀석인데 제법 따뜻했습니다.

바닥에는 매트며 이불을 최대한 깔아놓아 찬 기운이 올라오지 않게 했고 전기장판에 난방텐트로 거실에서만 생활하니 한겨울에도 난방비가 2만 원을 넘지 않더군요. 안에는 내복에 밖에는 몇 겹의 옷과 수면조끼까지 껴입고 수면 양말을 신고 생활을 하니 그렇게 추운지 모르고 살았습니다.

보일러는 항상 외출로 해놓았더니 춥지도 않고 따뜻한 물도 바로바로 나왔습니다. 수도 요금도 1만 원을 넘기지 않았고 전기 요금도 2만 원을 넘긴 적이 없습니다. 가스 · 전기 · 수도 요금이 적게 나오니 탄소포인트제로 오히려 평균 3~4만 원씩 들어왔습니다.

지금은 청약에 당첨되어 30평대 새 아파트에서 살고 있는데요, 새 아파트라 확실히 단열이 잘되는 것 같습니다. 뽁뽁이와 문풍지는 더 이상 필요하지 않네요. 중문도 설치했으니 더욱 단열이 잘됩니다. 그래도 전처럼 겨울이면 옷을 껴입고 바닥에는 매트와 러그를 깔아놓고 삽니다. 그래서 평수가 늘었어도 도시가스 요금이 2만 원대로 나옵니다. 에너지 관리비는 항상 동일 면적 평균 대비 마이너스 30퍼센트입니다.

LED등 셀프 교체, 어렵지 않습니다

전기 요금을 아끼기 위해 실내 등도 모두 LED로 교체했습니다. 처음 이사 와서 제일 먼저 한 일인데요. 간단해서 혼자서도 얼마든지 할 수 있습니다. 업자를 부르면 모듈 판뿐 아니라 커버까지 전체를 교체해서 40~50만 원 이상 헛돈을 쓰게 됩니다. 그런 분들 많이 봤는데 혼자서도 가능하니 도전해보세요.

안의 모듈판만 교체하면 됩니다. 인터넷으로 LED 모듈을 검색하면 저렴한 제품이 많이 나옵니다. 저희 거실 등은 하나에 50와트짜리 형광등 여섯 개가 들어가 있었어요. 총 300와트의 전력이 소모됩니다. 저는 이사하자마자 5만 원을 주고 50와트짜리 LED 모듈판 세 개를 구입했어요. 총 150와트로 전력 소모는 절반으로 줄었지만 전보다 훨씬 밝고 수명도 반영구적이니 교체하지 않을 이유가 없었습니다. 2년만 사용해도 절약되는 전기 요금이 교체 비용을 상쇄하고도 남습니다. 방법도 간단합니다.

자기 전에 전원 코드 꼭 뽑으세요

전기 요금을 아끼는 또 하나의 방법은 외출할 때뿐 아니라 잠잘 때도 전원 코드를 뽑는 겁니다. 특히 밤에 TV를 보다가 전원만 끄

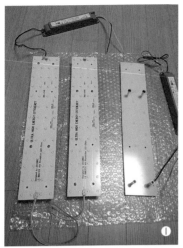

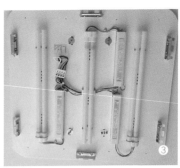

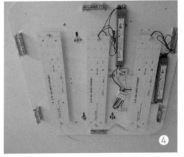

LED 모듈판과 안정기를 준비(1, 2). 전력 차단기를 내린 후 기존 등의 커버를 벗기고, 원래 있던 형광등과 안정기를 십자드라이버로 뺀다(3). 준비한 안정기는 드라이버를 이용해 끼워주고, 모듈판은 자석이라 그대로 붙여주고 나서 전원선과 접지선을 손으로 꾹 눌러 끼운다(4, 5). 커버를 닫고 차단기를 올린다.

고 그냥 잘 때가 많은데 대기 전력 무시하지 못합니다. 휴대전화 충전할 때 사용되는 전력보다 더 크답니다.

냉장고 문 여닫는 것도 최소한으로 줄여야 합니다. 저는 냉동실과 냉장실 문에 A4 용지를 붙여놓고 안에 뭐가 들어 있는지 항상 적어놓습니다. 한 가지 팁이 있다면 고기, 채소, 가공식품 등으로 분류해서 적어야 눈에 잘 들어옵니다.

이렇게 적어놓으면 굳이 문을 열어보지 않고도 내용물을 알 수 있지요. 냉장고 문 잠깐만 열어도 냉기가 빠져나가 전력 소모가 많아지니 전기 요금 아끼는 데 좋은 방법입니다. 바로바로 적고 지우고 하는 일이 처음엔 귀찮았지만 이젠 익숙해져서 오히려 편합니다. 전기밥솥도 1시간 이상 켜놓지 않습니다. 밥은 먹을 만큼만 해서 바로 먹고 남으면 냉동실에 넣어놨다가 밥이 모자라거나 급하게 필요할 때 전자레인지에 데워 먹어요. 밥솥은 밥을 보관하는 것이 아니라 밥을 짓는 용도로만 사용해야 밥맛도 좋고 전기도 아낄 수 있어요.

신용카드로 차량 유지비 아끼기

자동차는 준중형으로 한 대를 소유하고 있고 연식은 10년이 다

되어 가지만 아직 멀쩡합니다. 급출발·급제동을 하지 않고 규정 속도를 지키며 고이 탔거든요. 항상 가족들과 같이 타니 안전 운행 해야죠.

부품도 알뜰하게 삽니다

자동차는 유지비가 많이 들지요. 저는 보험사나 카드사에서 보내주는 쿠폰으로 2만 원을 할인받아 엔진오일과 필터를 교체합니다. 이때 냉각수와 워셔액도 기본으로 점검하고 모자라면 무료 보충해준답니다. 엔진오일 가격이 싸다고 품질이 나쁘진 않습니다. 오일 상태는 운전 습관에 따라 나빠지죠.

배터리는 인터넷으로 구입해 직접 교체하는데 폐배터리 반납 조건으로 4만 원밖에 들지 않았습니다. 타이어는 중고 타이어 매장에 가서 구입하고요. 휠 인치 업을 한다고 새것 같은 순정 타이어들을 많이 내놓아서 1년도 안 된 제품이 꽤 있습니다. 저는 이런 물건을 구입해 많이 닳은 앞타이어 두 개만 교체해서 4~5년 이상을 탑니다. 원래의 반값도 안 되는 6만 원 정도 들었네요.

와이퍼도 2~3년에 한 번씩 바꾸는데, 카드사에서 주는 무료 교환권을 주로 이용합니다.

자동차 보험료, 할인과 포인트 챙기기

각 보험사의 보험료 견적을 내보는 사이트가 있는데요. 보험료 확인만 해도 3,000원에서 1만 원까지 포인트, 상품권, 현금을 줍니다. 보험 만기가 가까워오면 보험료도 비교해보고 돈도 버세요.

보험료는 신용카드로 납부합니다. 카드사마다 자동차보험과 관련한 특별한 혜택이 있으니 꼼꼼히 따져서 확인하면 도움이 될 것입니다. 또 블랙박스 할인, 운행 거리에 따른 마일리지 할인, 7세 자녀 할인 등 여러 가지 할인이 있어 다이렉트로 가입하면 보험료가 더 저렴해집니다. 저는 혼자 운전하고 차가 연식이 있어 자기차량손해담보는 뺐습니다. 10년 무사고에 이런 저런 할인 혜택을 받으니 보험료가 15만 원으로 저렴해지더군요.

카드사에서 만든 오토 케어 상품도 있는데요. 한 달에 7,900원을 내면 엔진오일 50퍼센트 할인, 주유상품권 1만 원, 세차 쿠폰 1매 등의 혜택을 줍니다. 일단 주유만 해도 2,100원 이득이고 세차까지 무료로 할 수 있어요. 저는 3만 원

No	쿠폰명	유효기간
1	엔진오일교환 2만원 할인	2019-09-02
2	엔진오일교환 1만5천원 할인	2019-09-02
3	오토미션오일교환 2만원 할인	2019-09-02
4	엔진플러싱 1만원 할인	2019-09-02
5	에어컨가스완충 2만원 할인	2019-09-02
6	에어컨/히터필터교환 1만원 할인	2019-09-02
7	부동액교환 1만원 할인	2019-09-02
8	파워스티어링오일교환 1만원 할인	2019-09-02

자동차 보험사에서 제공하는 정비 쿠폰들.

어치씩 기름을 넣는데 이때 카드포인트 1,480원을 사용할 수 있고 1,107원(3.8퍼센트)이 적립됩니다.

자동차세, 카드 포인트로 납부 가능해요

신용카드도 잘만 이용하면 손해는 아닌 것 같습니다. 그래서 카드를 발급받아 모바일상품권을 저렴하게 구매해서 포인트로 전환해 자동차세를 냈어요. 카드사의 포인트로 60만 원까지 세금을 납부할 수 있어서 상품권이 저렴할 때 구입해두면 좋습니다.

참고로 자동차세를 연납하면 10퍼센트를 할인해줍니다. 그래서 저는 매년 1월에 무조건 연납을 합니다.

세상의 모든 할인을 찾아서

한 달 통신비는 25,790원

통신비에는 전화, TV, 인터넷 사용료가 포함되는데요. 저희 집은 한 달에 25,790원을 통신비로 씁니다. 휴대전화의 경우 저는 알뜰폰 요금제인 5,390원짜리를 쓰고 있습니다(데이터 1.5기가, 통화

100분, 문자 100건). 집에 와이파이 공유기가 있어 데이터는 1.5기가만으로 충분하고, 카카오톡을 주로 사용하니 급한 일이 아니면 전화도 잘 쓰지 않아 100분으로 충분합니다.

저보다 통화량이 많은 아내는 원래는 통화무제한 요금제로 34,000원을 납부했지만, 2년 약정 기간이 끝나 친정 식구들과 묶음 할인, 그리고 장기사용 할인을 받아 13,000원으로 줄었어요. 여기에 카드를 통해 요금을 납부해서 8,000원을 할인받으니 실제로 내는 요금은 5,000원이랍니다.

TV와 인터넷은 각각 11,000원과 7,700원에 사용하다가 3년의 계약 기간이 끝나 재계약을 하면서 각 7,700원씩 총 1,5400원에 사용 중입니다.

노브랜드 할인 놓치지 마세요

저는 장을 볼 때 재래시장보다는 대형 마트를 이용하는데 할인이 많기 때문입니다. 근처에 중·대형 마트들이 많아서 가격 경쟁이 치열해 할인 쿠폰을 보내주니 고객 입장에서는 나쁘지 않습니다.

노브랜드는 가격도 저렴하지만 10~50퍼센트까지 할인 행사를 수시로 하는 게 장점입니다. 저희 4인 가족이 소비하는 쌀이

한 달에 20킬로그램 조금 못 미치는데, 주로 쌀을 사러 노브랜드를 방문합니다. 도정 날짜에서 한 달이 지나면 30퍼센트 할인해서 팔거든요. 그래서 미리 도정일을 봐뒀다가 한 달 뒤에 구입합니다. 한 번은 한 달 뒤에 갔는데 가격이 그대로라 점장에게 이야기를 했습니다. 그랬더니 바로 할인된 가격표를 붙여주어 4만 원 넘는 쌀을 3만 원에 구입했습니다.

바지나 티셔츠, 속옷은 시장에서 1만 원 주고 사서 입습니다. 전혀 불편하지도 부끄럽지도 않습니다. 비싸게 주고 사서는 몇 번 안 입고 옷장 안에 박아두는 것보다 낫지요. 입다가 낡아서 버려도 아깝지 않고요.

쇼핑할 때 문화상품권 활용하는 법

온라인 쇼핑을 이용할 때 할인 팁을 드리자면, 일단 장바구니에 물건을 담아놓은 뒤 구입 가격에 맞춰 온라인 문화상품권을 5~8퍼센트 저렴하게 신용카드로 구매합니다(신용카드 결제일에 카드사 할인도 됩니다). 그런 다음 컬쳐랜드 홈페이지에서 캐시로 교환 후 다시 온라인 쇼핑몰 홈페이지에서 쇼핑몰 캐시로 교환합니다.

이제 장바구니에 담아놓은 물건을 결제할 차례. 각종 쿠폰으로 할인을 받고 쇼핑몰 캐시로 결제하면 됩니다. 과정이 조금 번거롭

지만 세 번을 할인받는 셈인데 이런 수고쯤은 감수할 만하죠(문화
상품권 → 카드 → 쿠폰 할인).

목돈도 처음엔 푼돈이었습니다

앱테크 부수입, 무시 못합니다

짠돌이라면 푼돈 모으기의 소중함을 누구나 알 텐데요. 그래서 저
도 앱테크를 하고 있습니다. 앱테크에는 포인트 쌓기와 설문조사
응답하기, 이벤트 응모 등이 있는데 적게는 1원부터 많게는 1만
원까지 받을 수 있습니다.

카드사 포인트뿐 아니라 각종 기업의 포인트를 잘 활용하면 그
기업의 제품을 살 때, 상당히 도움이 됩니다. 할인받을 수 있을 뿐
아니라 현금화하거나, 편의점에 가서 물건으로 교환하고 휴지 같
은 생필품으로도 교환할 수 있습니다. 생각보다 쏠쏠해서 앞으로
도 꾸준히 할 생각입니다.

각종 이벤트에 응모해서 상품권이나 편의점 기프티콘, 커피 쿠
폰도 얻는데 한 달에 두세 개씩 받습니다. 너무 많을 때는 인터넷
으로 저렴하게 판매하기도 했습니다.

매일 빼놓지 않고 하는 앱테크.

앱테크처럼 푼돈을 모으는 또 하나의 방법이 빈병 모으기입니다. 종이나 캔은 모아둘 곳도 마땅치 않고 버려도 아파트 공동 수입으로 잡혀 관리비 절감이 되지만, 빈병은 하나에 100원이나 하니 버릴 수가 없더라고요. 그래서 열 병쯤 모이면 집 앞 마트에서 현금으로 교환합니다.

이자 타는 재미가 목돈 모으는 재미

푼돈이라고 하기엔 큰돈을 모을 때는 '적금 풍차 돌리기'를 이용했는데요. 정말 많은 도움이 되었습니다. 한 달에 10만 원씩 불입하는 적금 여러 개를 들었는데 1년까지가 힘들지 1년이 넘으면 이자 타는 재미에 힘든 줄 모르고 하게 됩니다. 그러다 보니 어느새 목돈이 모여 있더군요.

이자 받는 재미는 뭐니 뭐니 해도 제2금융권입니다. 신협이나 새마을금고에 출자금 통장을 만들어 여유 자금을 넣어놓으면 이자가 제법 큽니다. 올해 제가 넣은 새마을금고 출자금 배당률이 3.5퍼센트였습니다. 대신 출자금 통장은 예금자 보호가 안 되며, 해지하면 다음해 총회에서 배당률이 결정되고 나서야 돈을 받을 수 있으니 신중히 가입해야 합니다. 급하게 쓸 돈이 있어 해지했는데 이듬해에나 돈이 생긴다면 정말 당황스럽겠죠.

출자금 통장이 아닌 예금통장은 예금자 보호가 되는 데다가 3,000만 원까지 세금 우대 혜택이 있으니 식구들 명의로 모두 만들어두면 좋습니다.

아이들 앞으로는 농협 후토스 어린이통장을 만들어주었는데요. 자유입출금통장 이율이 무려 2.5퍼센트였습니다. 아쉽게도 지금은 없어진 상품이에요. 10세까지 월 1만 원씩 적금통장에 연결해두었는데 적금통장 이율은 3.1퍼센트입니다. 시중 은행에서 주택청약통장도 만들어주었는데 인구보건복지협회에서 출산장려 금융바우처로 1만 원 지원해줘서 챙겨 받았습니다.★

한 달 용돈 10만 원이면 충분하네요

현재 저희 집 저축률은 수입의 60퍼센트 정도입니다. 명절 상여
금이나 성과급을 받으면 조금 더 저축합니다. 둘째 앞으로 나오는
아동수당 10만 원으로 저희 가족 한 달 생활하고요. 물론 저희 네
식구 실비 포함 종합보험, 교육비, 아파트관리비, 가스비, 통신비,
차량유지비, 기타 세금 등 고정지출을 제외한 금액입니다.

10만 원으로 어떻게 사나 싶겠지만 홍삼이며 비타민제 안 떨
어뜨리고 챙겨 먹고, 제철 과일과 아이들 간식거리도 쟁여놓고
요. 저는 회사에서 세끼를 모두 해결하고, 외식은 거의 하지 않습
니다. 자산은 현재 살고 있는 집 외에 소형 아파트가 한 채 있습니

다. 매매가가 4,200만 원으로 매우 저렴해서 구입했는데 시골이기 때문인지 집값은 오르지 않네요. 그래도 보증금 200만 원에 20만 원씩 월세를 받아 만족합니다. 지금 사는 집의 대출은 '0원'입니다. 전에 살던 아파트가 두 배 가까이 오른 덕에 집 팔고 모아놓은 돈 합쳐 이사했습니다.

스물일곱에 결혼해서 서른여섯인데, 같은 나이의 친구들보다 조금 더 여유로운 것 같습니다. 푼돈이라고 무시하지 않고 한 푼이라도 더 저축하려 노력하다 보니 여기까지 왔네요. 아직 가야할 길이 멀지만, 지금도 충분히 행복합니다.

출석체크, 포인트 적립, 설문
조사, 이벤트 응모 등 앱테크만 꾸준히
해도 많게는 한 달에 15만 원
넘게 모을 수 있습니다.

글 보시는 분들 중 '저렇게까지 해야 해?' 하시는 분들도 계셨을 테지만 남의 시선에 흔들릴 만큼 제 인생이 가볍지는 않기에 저는 제 방식대로 계속 살려고 합니다. 내가 즐겁게 하면 절약이지만 내가 힘들면 '궁상'이고 남까지 힘들어지면 '민폐'겠지요. 내가 돈을 모으기 위해 사는 건지, 살기 위해 돈을 모으는 건지 잘 생각하시고 여러분의 아름다운 인생, 행복하시길 바랍니다. 절약, 즐겁게 해야 오래할 수 있어요.

_제이래빗

어릴 때부터 엄마의 절약하는 모습을 보며 경제개념이 생긴 것 같습니다.

아낄 때는 바짝 아끼고, 또 써야 할 때는 통 크게 쓰는 여장부 친정엄마가 저의 롤모델입니다(정옥수 여사님 고맙습니다). 또한 부부가 한 마음이 되어야 좀 더 빨리 모을 수 있습니다. 믿고 경제권을 넘겨준 남편(용광님)에게 이 자리를 빌려 고맙다는 말을 전하고 싶습니다. '부자 되는 길'은 아끼는 습관에서부터 시작되는 것 같아요. 아이들에게 좋은 경제교육이 되도록 절약하고 아끼는 엄마의 모습을 많이 보여주세요~

_나는 엄마야 (우진서윤엄마 안주현)

1일 1짠을 시작하려는
예비 슈퍼짠들에게

짠생활을 시작할 때 남과 비교하지 마세요. 다른 사람과의 비교는 짠생활의 큰 걸림돌이에요. 내 형편에 맞게 아끼고 모아서 종잣돈을 만들어 굴리다보면 큰 부자는 아니더라도 작은 부자는 누구나 될 수 있답니다. 짠생활 시작하시는 모든 분들 파이팅!!

_작은부자연 (오지연)

안 될 이유는 세상에 너무 많아요. 난 어리니까, 난 수입이 적어서, 난 미혼이니까, 난 자취하니까…. 이 책에는 그 안 될 상황 속에서도 긍정의 힘으로 생활하며 이루어낸 12인의 소중한 경험들이 가득 담겨 있습니다. 좋지 않은 상황. 그 속에서도 충분히 가능합니다. 생각을 바꾸면 방법이 보이고, 눈을 돌리면 위기 속에서도 반드시 기회는 있습니다. 하나씩 차근차근 바꿔보세요. 결국 여러분도 이루어내시고 우리 함께 부자 됩시다~!!

_황금호랑이♡(최주영)

돈을 모은다는 건 간단합니다. 수입을 늘리고, 지출을 줄이는 것이죠.

수입을 늘리기 위해 맞벌이를 하고, 지출을 줄이기 위해 아끼며 쓰지 않고 살았습니다. 지금은 추가로 일하지 않아도 생기는 수입을 만들기 위해 공부합니다. 부의 고속도로를 달리기 위해 시간과 돈, 노력, 열정, 그 모든 걸 단 하나도 아끼지 않습니다. 실천이 중요합니다. 지금 움직이세요!

_모태짠돌이(김지수)

주저앉고 싶은 순간이 있나요? 모두 내려놓고 등 돌리고 싶은 마음뿐인가요? 삶의 무게가 마치 거북이의 딱딱한 등딱지처럼 무겁게 느껴지나요?

저도 한때는 인생의 짐이 너무 무거워 '오늘이 마지막 밤이었으면, 내일 아침엔 눈뜨지 않았으면' 하고 기도했던 적도 있습니다. 하지만 누구도 나의 인생 여행을 대신해 줄 수는 없음을 깨달았습니다. 계단 위에 오르려면 스스로 계단을 밟고 서야 하지요. 조금 더디더라도 앞으로 나아가는 그 길을 응원하겠습니다.

여왕소금*~(김정희)

누군가는 제 글을 읽고 꼭 이렇게까지 아껴야 했나 하고 생각할 수도 있습니다.

제 대답은 '그렇다'입니다. 그만큼 간절했어요. 좀 더 나은 삶을 살고 싶었기에, 꿈꾸었고 실천했지요. 지금 이 글을 읽고 있는 여러분도 할 수 있습니다. 간절히 원하고 노력하면 누구든지 작은 부자가 될 수 있어요. 1일 1짠 돈 습관! 당장 오늘부터 시작해봅시다!

_초보육아맘(황혜란)

누구나 할 수 있고, 가장 쉽고, 가장 효과적으로 돈 모을 수 있는 방법은 바로 '절약'입니다. 한번 잡힌 절약 습관은 평생 가져갈 수 있는 너무나 좋은 재테크입니다. 늦었다고 생각하지 말고, 바로 지금 즐거운 절약 생활을 시작해보세요. 1년 후, 아니 6개월만 되어도 너무 많은 것을 얻게 되어 놀랄지도 모른답니다.

_다은햇살맘(박명미)

종잣돈을 만들기 위해 하루를 1만 원으로 살며 허덕일 때, 월수입 120만 원 가운데 40만 원을 저축하는 어느 부부를 알게 되었습니다. 그때 생각했죠. '나는 너무 배가 불렀구나.' 그리고 남들보다 적다고 불평할 게 아니라 내가 가진 한도 내에서 최대한 노력해보자고 다짐했습니다. 그 다짐을 잊지 않고 실천했기에 작은 부자가 될 수 있었답니다. 오늘 노력하면 내일의 내가 그만큼 꿈에 가까워집니다. 예비 슈퍼짠 여러분, 항상 응원합니다!

_福부인♥(김유라)

절약의 속도를 남다른 사람들과 비교하면 금세 지칠 것 같았습니다. 그래서 저만의 속도로 즐기면서 아끼는 방법을 터득했어요. 절약과 소비의 균형잡기, 짠라밸을 즐기는 삶을 살아보아요. ^^

_아트임(임예슬)

한 사람의 반복적인 1일 1짠 습관들이 모이면 나의 가정 경제와 크게는 지구 환경도 살릴 수 있다고 생각해요. 우리 모두 즐겁게 1일 1짠 해봐요^^

_삐약이(윤지윤)

저축의 재미를 알게 된다면 누구나 부자가 될 수 있을 거예요. 푼돈이라고 무시하지 않고 한 푼이라도 더 아끼고 저축하려 노력한다면 그 어떤 재테크보다 쉽게 돈을 모을 수 있을 겁니다. 짠테크를 시작하는 여러분 모두 응원합니다~ 파이팅!!

_완소남김머찐님(김응득)

1일 1짠 돈 습관

제1판 1쇄 발행 | 2019년 7월 30일
제1판 9쇄 발행 | 2023년 2월 14일

지은이 | 다음 짠돌이 카페 슈퍼짠 12인
펴낸이 | 오형규
펴낸곳 | 한국경제신문 한경BP

주소 | 서울특별시 중구 청파로 463
기획출판팀 | 02-3604-590, 584
영업마케팅팀 | 02-3604-595, 562   FAX | 02-3604-599
H | http://bp.hankyung.com   E | bp@hankyung.com
F | www.facebook.com/hankyungbp
등록 | 제 2-315(1967. 5. 15)

ISBN 978-89-475-4876-2   03840